I0639527

Thomas Vaughan

**Lumen de lumine**

Ein neues magisches Licht

Thomas Vaughan

**Lumen de lumine**
*Ein neues magisches Licht*

ISBN/EAN: 9783743606968

Hergestellt in Europa, USA, Kanada, Australien, Japan

Cover: Foto ©Andreas Hilbeck / pixelio.de

Weitere Bücher finden Sie auf **www.hansebooks.com**

# LUMEN
## DE
# LUMINE
### Oder
### Ein neues

# Magisches Liecht/
## geoffenbahret und der Welt
### mitgetheilet
### Durch

# Eugenium Philalethen.

Gen. I , 3.
## Und GOtt sprach/ es sey Liecht.
Joh. I , 5.
## Und das Liecht scheinet in der Finsternis.
Pythag:
## Ne loqvaris Deo absq; Lumine.
### Anietzo aus dem Englischen ins
### Teutsche übersetzet/
### Von

# J. R. S. M. C.

## Hamburg/
## Bey Gottfried Liebezeit/ Buchhändlern.
## Anno 1693.

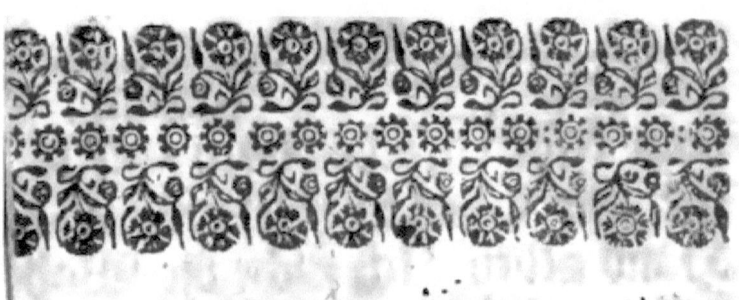

## An den Leſer.

ICh bin in etwas mit mir ſelbſt
ſtreitig geweſen / wie ich dieſes
Tractätlein in eine gute Ordnung bringen möchte / weil
...e Materie dem Genio dieſer Zeiten
...r zuwider / als welcher gantz
...rdorben und Miltzſüchtig iſt. Ich
...rlangete ſelbiges inne zu behalten;
...er die Verwandniß / welche es
...t mit meinen vorigen Schrifften/
...t mich genöthiget / es heraus zu
...en. Es iſt dieſes der letzte Spie-
... meiner Gedancken : und weil
... vorige nicht vollenkommen ge-
...ſen ſind / habe ich dieſes hinzuge-
...n / zu erſetzen / was jenem anneċh

a ij                    man-

mangelt. Ich muß bekennen / ich
habe keine Ursachen dazu / als welche
che mir meine Widersacher an die
Hand geben. Ich suche die Wahrheit zu erheben / weil sie selbige unterdrücken wollen. Ich bin / in
Wahrheit / gar schlecht belohne
worden; aber ie mehr man sich dieser Kunst wiedersetzet / desto meh-
wächset sie: und dieses / halte ich
haben unsere neulichsten Zäncke
gemercket; denn sie haben die Wi-
senschafft selbst fahren lassen / um
derselben Lehrer zu unterdrücken.
Es ist ihnen nicht genug unser
Schrifften zu verkehren / und fälschlich zu deuten: sie beschimpffen unsere Personen mit ausstudierte
Verläumdungen / da sie uns doch
nimmer gesehen haben / und vielleicht auch nimmer sehen werde
Sie zwingen uns zur Verbitt-
run

ng wider unsere Natur / und rei-
n die Leute zur Sünde / als ob
mit dem Teuffel einerley Vor-
tz hätten.

Ich / meines theils / wil meine
Seele nicht mehr bey solchen un-
öfflichen Disputiren in die Schan-
schlagen / weil ich weiß / daß ich
n einem ieden unnützen Worte
erde Rechenschafft geben müssen.
dieser Spruch hat meine affecten
mässiget / und ich bin ins künffti-
zu leiden entschlossen : Denn
bin dessen versichert / daß GOtt
emand umb seiner Gedult willen
rdammen wird.

Die Welt mag sich einbilden /
Wahrheit sey überwunden /
eil sie sich stille hält : Denn nach
m Urtheil der meisten Leute / ist
dem Ort kein Sieg / da kein prah-

a iij

len

Matth. 12, v. 36.

len ist. Dieses soll mir gar nicht be
schwerlich vorkommen; Das Ur
theil solcher Richter macht nur di
Waag-Schalen leichter / und id
halte die vor Leute von blödem Ge
hirn / welche sich einbilden / die War
heit sincke / weil sie sie überwi
get.

Was das ungestühme Lau
schreyen anlanget / wo man kein
Ursachen dazu hat / ist es ein Ze
chen eines gottlosen Gemüthes
welches mehr von einem teuffel
schen Sturm / als von JESU
CHRISTO hat. GOT
war nicht in dem Winde / welch
die Felsen zerbrach / auch nicht i
dem Erd-Beben und Feuer be
dem Berge Horeb: Er war i
Aura tenui, in dem stillen sanffte
Sausen.

Me

1. Reg. 19.

Mein Rath ist / daß sich niemand über dem höhnischen Lachen des gemeinen Mannes empfindlich erweise. Wer die Wahrheit Gottes schreibet / hat eben denselben zum Patron / welchen die Wahrheit selbst hat ; und wenn sich die Welt vor dem allgemeinen Richter-Stuhl submittiren wird / wird er daselbst seinen Advocaten finden / wo jene ihren Richter finden werden. GOTT giebet eben so wol Zeugnis von seinen Dienern / als sie von ihm Zeugniß geben: wenn Johannes der Täuffer von CHRISTO zeuget / zeuget CHRISTUS hintwiederumb von ihm: Er war ein brennendes und scheinendes Liecht.

Dieses Leser / habe ich an stat
a iiij      einer

Joh. 5. v. 35.

einer Vorrede vermelden wollen /
daß / wo nach diesem eines von meinen Tractätlein geschimpffet würde / du nicht auff eine Antwort von
mir warten mögest. Ich habe meine defension dem GOTT der Natur auffgetragen : sie ist mit dem
interesse seiner Wahrheit gar ge-
nau verbunden. Ich habe genug
an dem Frieden / und Zeugnis eines
guten Gewissens. Ich habe nichts
geschrieben / als was GOTT meinen Augen insonderheit gezeiget
hat / und vor der gantzen Welt ins
gemein erweisen kan. Ich habe
sein geheimes Liecht gesehen / seine
Kertze ist mein Lehrmeister : Ich
bezeuge solche Dinge / welche ich unter seinen Strahlen selbst / in dem
hellen Kreiß seiner Herrligkeit / gesehen habe.

Als

Als ich meine Gedancken das
erste mahl zu Papier brachte / ist
GOtt meine Zeuge / daß es um keines eigenen Vortheils willen geschehen sey. Ich ward dazu gezogen
und gleichsam gezwungen / durch
eine hefftige Verwunderung über
das Geheimnis und die Majestät
der Natur. Mein Vorhaben
war / die Wahrheit herrlich zu
machen / und in gewisser Maasse
der Welt zu dienen / wenn sie wäre geschickt gewest / es anzunehmen. Aber das grobe Tracta-
ments/ das mir begegnet ist / ohne
meine Schuld / hat meine Liebe
genöthiget / daheime zu bleiben.
In Wahrheit / hätte man mich
nur zu frieden gelassen / wolte ich
etliche Dinge offenbahret haben /
welche ( ich versichere euch ) schwerlich ein ander schreiben wird. Aber

a v          die

die Zeiten sind / so viel diese Sachen betrifft / nicht eben / als mit fleiß / außerlesen : Denn die Jahre der Offenbahrung sind noch nicht kommen. Die Wahrheit muß / wie die Taube in der Sündfluth / herum schweiffen in Sturm und Ungewitter / und viele grosse Ströhme übersehen / und keinen Raum finden / da ihr Fuß ruhen kan. Aber der weise GOTT sorget für sie : auff allen diesen Wellen und Wassern hat sie dennoch einen kleinen Kasten / dahin sie sich retiriren kan. Mich daucht / ich sehe sie in dem Fenster gantz naß und von den Winden übel zugerichtet. Sie ist ausgeschicket worden / und wil nunmehr wieder zu Hause kehren. Komm herein mit deinem Oel-Zweige!

Und

Und damit ich schlieſſen möge /
berichte ich euch / daß dieſer Diſ-
curs mein letzter ſeyn werde / und
der einige Schlüſſel zu meinen
vorigen. Was ich vor dieſem geſchrieben habe / iſt dem Halicali der
Araber gleich : es iſt Domus ſi-
gnata, ein verſchloſſenes Hauß ;
aber hier gebe ich euch den Schlüſſel zum Schloſſe. Wo ihr hinein kommet / ſo verſiegelt in euren
Hertzen / was ihr ſehet : Vertrau-
et es nicht der Zunge / denn dieſelbe iſt ein fliegender Brieff.
Alſo gebe ich euch mein Liecht in
die Hände ; was ihr mir aber vor
eine Vergeltung erweiſen werdet /
weiß ich nicht. So ihr Frieden
im Sinn habet / ſey der Friede mit
euch ; ſo ihr aber auff Krieg und
Streit dencket / ſo wiſſet / daß ich
auch

auch wohl ehe so bin gesinnet g
wesen: Aber / wer die Waffe
anleget / rühme sich nicht
als der sie ableget. Handelt wo
und lebet wol.

1651.

E. P.

Reg. 20. v. 11.

**M** Ich däucht/es werde
ständlicher/und vielen Leuter
zenehmer seyn/wenn ich in
gemeinen Redens-Art n
Meynung an den Tag
Der Tag brach an/ als ich/ ermüdet von
verdrießlichen Einsamkeit und tieffen Ge
ken/nach viel Verlust und Arbeit/plötzli
inen Schlaff fiel. Alhier war der Tag k
uffgegangen/ als er mir schon wieder u
ieng/und ich kam in eine weit dunckleren
ls die/welche ich zuvor zugebracht hatte.
e Einbildung führte mich in ein unaussp
ch finsteres Land/dessen Finsternüß mir
ls natürlich fürkam ; aber ohne eir
Schrecken. Ich war in einem gantz unve
erten Zustande; und ob ich gleich keine
nunterung hatte/war ich doch nicht al
nuthig / sondern auch gar vergni
ich gieng allenthalben umher/ nach
ber ich war stets mit Finsternüß und Stll
mgeben/ und meynte/ ich wäre ins Lan
Einsamkeit gekommen. In dem ich mich
sehr/wiewol vergeblich/ bemühet/ und

A

viel und lange Arbeit abgemattet hatte / b
schloß ich zu ruhen: und weil ich sahe / daß i
nichts finden konte / erwartete ich / ob mir e
was auffstiesse. Ich war nicht lang in diese
Vorsatz gewesen / so hörete ich ein Rausche
eines sanfften Windes / der sich zu mir nahet
und plötzlich war selbiger unter den Blätter
der Bäume: also / daß ich schloß / ich wäre in e
nem Wald / oder in einer Wildnüß. Mit die
sem lieblichen wehen kam eine sehr angenehm
wolriechende Lufft / fast wie ein Geruch vo
wilden Rosen / aber nicht so schwer und voll
Als dieser Geruch vorbey gewehet / folgete ei
angenehmes Sausen der Bienen unter de
Bluhmen / welches mich in etwas irre machte
denn ich nicht meynete / daß dergleichen an die
sem Ort zu finden wäre / als welcher so finster
war / als es um Mitternacht zu sein pfleget.
In dessen war ich etwas bestürtzet über diesen
sen mir so unverhofft vorgekommenen Dingen /
als mich eine neue Erscheinung von ferne
rem Nachsinnen abhielt. Nicht weit davon /
zu meiner Rechten / konte ich ein schwaches
weisses Licht spühren / welches nicht so klar
wie eine Kertze / sondern nebelicht / und fast wie
eine atmosphæra war. Um die Mitte war
es purpurfarbe; aber in dem Umkreise weiß
                                        wie

ie eine Milch: und so wir die Zusamense-
ung der Farben recht betrachten/ war es wie
nan den Abend mahlet/ ein Ebenbild des
Scheins/welchen die alten Römer (a) sol mor-
uorum nenneten. Als ich mich nun über
iese frembde Vorstellung verwunderte/erschiene
nitten in der purpurfarbe eine plötzliche Be-
oegung/und recht aus dem Mittelpunct ent-
:und eingewisses helles Licht/ als wenn es die
Flamme einer Wachs-Kertze wäre. Es war
:gr helle und funckelte wie der Morgenstern.
Die Strahlen dieses Planeten giengen herfür/
ie dünne Striche und bächlein/und sahen gleich
en silber-fäden : sie præsentirten durch ihren
Wiederschein an denen Bäumen ein curiöses
Schatten-Werck/und ich befand mich in einem
.orbeer-Walde. Die Aeste waren so zierlich
nd gleich in einander verwickelt/und die Blät-
er so dicke/ und in so feiner Ordnung als wä-
e es nicht eine Höltzung/ sondern ein Lust-
Hebäude. Ich bildete mir ein/es wäre der
Tempel der Natur/ da sie ihre Lehre und Di-
ciplin hielte. Unter diesem Schatten und
Berdeckung logirten viele Nachtigallen/wel-
ie ich an ihren weißlichen Brüsten kante. Die-
kucketen aus ihren blätterichten Wohnun-

A 2                     gen/

(a) Boxhorn erkläret diese Worte nicht recht.

gen/ und erfreueten sich über dieses ungewöh-
liche Licht/und nachdem sie sich zu erst in den Federn gemauset hatten/ erfülleten sie die stil-
Lufft mit ihrem Gesang. Dieses däuch-
mich sehr schön zu seyn: denn die Stilligke-
der Nacht/ welche sich mit der Einsamke-
des Ortes gar wohl reimete/ erwecketen be-
mir die Gedancken/ als wäre es ein himmli-
scher Ort. Der Grund/beydes nahe und fer-
ne/ præsentirte ein angenehmes model eines Pflasters: Denn dieser neue Stern/ desse-
Strahlen auff etliche Tropffen Thau fielen/ga-
einen vielfältigen Wiederschein/als ob die Erde mit Diamanten gepflastert wäre. Dies-
seltzame und vielfältige Begebnüsse hielten mich
in einen tieffen Nachsinnen; aber meine Gedancken zuverhindern/als ob es mir nicht gebühret,
demjenigen/ was ich gesehen/nachzudencken,
kam mir eine andere wunderbahrlichere Vorstellung zu Gesichte. Ich kunte zwischen mi-
und dem Licht eine ausbündige und fast Göttliche Schönheit sehen. Ihre positur war weder zu lang noch zu kurtz/ sondern einer mittel-
mässigen wol anständigen statur. Sie war
mit dünner Seide bekleidet; aber so grün/daß
ich sonst nimmer dergleichen gesehen: Denn
eine solche Farbe ist nicht auff dem Erdboden.

An

In etlichen Orten war ihr Kleid mit weissen
und silbernen Schnüren gezieret/ welches ein
Ansehen hatte/ wie Lilien auff einem Felde mit
Graß bewachsen. Ihr Häupt war mit einem
innen weiten Flohr bedecket/ welchen sie mit
einer Hand in die Höhe hielt und unter demselben hervor sahe. Ihre Augen waren hurtig/
munter/ und gleichsahm himmlisch; aber sie
bewegten sich schnelle hin und her/ als ob sie
durch eine unvermuthete Begegnung erschro-
cken wäre. Ihre Haarlocken kuckten unter
einem schwartzen Flohr hersür/ wie die Sonnen-
strahlen durch einen Nebel brechen: sie hiengen zerstreuet biß auff ihre Brüste/ und waren
von dar wieder auffwarts nach den Backen ge-
zogen/ und waren gantz kraus und goldgeelbe.
Hinten war ihr Haar zierlich auffgerollet/ in
Gestalt einer Kugel mit einer niedrigen pyra-
mide, welche mit purpurfarben und himmelblauen Knoten durchzogen waren. Ihre Rin-
ge waren lauter reine Schmaragden/ (denn sie
achtete kein Metall) und ihre Ohren Gehän-
ge von fünckelnden feirigẽ Carbunckeln. Kurtz-
lich/ ihre gantze Kleidung war mit Blumen
durchwürcket/ und einer angenehmen frischen
Farbe. Sie roch wie es in der Morgenrö-
the früh auff dem Felde reucht/ und war durch-

aus

aus voll wolriechen der Specereyen aus reic
Arabia. Auff diese und keine andere weise er
schiene sie mir vor das mahl; aber / in dem ic
mich über ihre vollenkommene : Schönhe
verwunderte/und mich bey ihr zu addressire
fertig machte / kam sie mir durch eine frey
willige annäherung zuvor. Hier erwartet
ich in Warheit einen discurs von ihr/aber si
sahe mir gantz ernstlich und stillschweigend unte
Augen/nahm mich bey der Hand und sagt
mir heimlich / ich solte ihr folgen. Ich beken
ne/ es kam mir fremde vor/aber ich dachte / e
wäre vielleicht nicht ohne Nutzen/so einem süf
fen Befehl zu gehorchen / und sonderlich da si
mir viel versprach/und/nach meiner Meynung
noch ein mehrers zu leisten vermochte. Da
Licht / über welches ich mich vorher verwunder
hatte / war nur ihr Auffwärter : denn es gieng
vor ihr her/ als ob es ihr wolte Raum machen
Diese Bedienung vermehrete ihr Ansehen un
ein grosses/ und ich ließ mir nichts so sehr angele
gen seyn/ als auff sie acht zu haben; denn ob si
gleich nicht aus dem wege hin und her schweif
fete gieng sie doch auch auff keinem bekante
Fußsteig. Ihr Spatzier Weg war grün und m
feinen schmalen Grase bewachsen /welches si
wie ein Plüsch niederlegte / denn es war seh

peich : so war auch der gantze Weg mit Zeitlo-
n und Himmelschlüsselgen gleichsam ausge-
tzet. Als wir nun aus unserm Lorbeer-Wal-
le kamen / konte ich eine ungewöhnliche Klar-
eit in der Lufft spühren / nicht eben wie am Tage / doch kan ich auch nicht sagen / daß es Nacht
gewesen. Die Sterne hiengen dennoch gleichsam über uns / und funckelten als wenn sie auff
en Spißen hoher Berge stünden : deñ wir waren in einem tieffen Grunde / und die Erde
gieng über uns hervor / so daß ich meynete / ich
wäre nahe bey dem Centro. Wir waren
nicht weit gegangen / als ich gewisse / dicke / weisse
Wolcken spührete / (denn so kamen sie mir vor)
welche das gantze Thaal / vor uns hin / erfülleten. Hierinnen aber hatte ich mich geirret /
doch wehrete dieser Irrthum nicht lange : denn
als ich näher hinzu kam / fand ich / daß es feste
Felsen waren / aber leuchteten und spieleten wie
Diamanten. Dieses seltzsame / anmuthige
spectacul ermunterte mich nicht ein geringes /
und ich hatte ein sehr hefftiges Verlangen meine
Liebste einmahl reden zu hören / ( denn ich hielte sie ietzunder vor meine Liebste ) daß / wo es
müglich / ich einen Unterricht von ihr bekom-
men möchte. Wie ich aber dieses möchte zu wege bringen / wuste ich nicht wohl : denn sie schien

gar.

gar nicht geneigt zu discuriren; aber als ich
bey mir selbst resolvirt hatte/sie anzureden
fragte ich sie zu erst nach ihren Nahmen. Hier-
auff antwortete sie mir gantz vertraulich/ als ob
"sie mich lange vorher gekant hätte. Euge-
"nius (sagte sie)ich habe mancherley Nahmen
"aber mein bester und liebster ist Thalia : denn
"ich bin immer grün / und verdorre nimmer
"Du siehest hier die Berge des Mondes/ und
"ich will dir den Ursprung des Nilus zeigen :
"denn er entspringt aus diesen unsichtbahren
"Felsen. Siehe auffwerts/und betrachte die
"öberste Spitzen dieser Pfeiler und Klippen von
"Saltz: Deñ diese sind die wahren Philoso-
"phischen Berge des Mondes. Hastu wol
"ehemahls ein so wunderbahres ungläubliches
"Ding gesehen. Diese Rede bewog mich also-
bald nach diesen gläntzenden Saltzthürnen über
mich zu sehen/allda ich eines schrecklichen Was-
serfalls gewahr ward. Der Strohm war
grösser/als kein Fluß in seinem vollen Canal;
aber ungeachtet der Höhe und des gewaltigen
Falls/kam er ohne Getöse hernieder. Die Was-
ter schlugen wider diese Saltzfelsen / daß auch
ihre Ströhme davon getrennet wurden; aber
dennoch kamen sie mit einer gleichsamen todten
Stille herunter/nicht anders als die stille sanffte
Lufft.

Ich habe etwas von dieser Feuchtigkeit
[ge]redt [...]ff (denn sie floß nahe bey mir weg) um zu se-
hen/ was doch dieses vor eine seltzsames wollen-
iches Wesen wäre/das so verstohlener Weise
[her]unter fiele/wie der Schnee. Als ich es in
[m]einer Hand hatte/war es kein gemeines Waß-
[ser] / sondern ein gewisse Art von Oel/ einer
[w]ässerigen Complexion. Es war ein schlei-
[m]undigtes/settes/mineralisches Wesen/gantz helle
[w]ie Perlen/und durchscheinend wie Chryftall.
[A]ls ich es wol angesehen und betrachtet hatte/
[sa]ß es etwas spermatisch (wie ein Sahmen)
[an]zusehen/und es war gewißlich garstig vor
[de]n Augen/ und noch garstiger am Geschmack.
[H]ierauff sagte mir Thalia, es wäre die erste
[M]aterie und der wahre natürliche Sahme der
[g]rossen Welt. Es ist (sagte sie) unsichtbahr/ „
[u]nd sind derowegen wenig/die es finden; vie- „
[l]e aber gläuben/ es sey nicht einmahl zu fin- „
[d]en. Sie glauben/ daß die Welt ein todtes „
[B]ild sey/ wie ein Cörper/der vormahls ge- „
[m]acht und gebildet worden durch einen ein- „
[w]ohnenden Geist; aber diese Gestalt nur noch „
[g]leichsam auff eine Zeitlang behalte/ nach- „
[d]em ihn der Geist verlassen. Sie sollten „
[v]ielmehr bedencken/das eine iede Creatur / „
[w]enn die Seele daraus ist/in die Zerstöhrung „

A 5                    tretre/

"trette/und die vorige Gestalt nicht länger be-
"halten könne/weil die würckende Krafft/wel-
"che die Theile zusammen hielte hinweg ist,
"Derowegen ist es eine sehr fürtreffliche Rede/
"welche ich von einem meiner Discipel gehö-
"ret. Diese Welt wäre aus so unter-
"schiedenen wiederwärtigen Theilen nim-
"mer ein Ding geworden/wo nicht einer
"wäre/der so unterschiedliche Dinge zu-
"sammen fügte. Nachdem sie aber ver-
"einiget sind/würde doch die Unterschied-
"lichkeit der Naturen/welche unter ein-
"ander gantz und gar uneins sind/alles
"zerstören und zertrennen/wo nicht Ei-
"ner wäre/der dasjenige zusammen hiel-
"te/was er mit einander verknüpffet. Es
"könte aber auch die Natur in so gewisser
"Ordnung nicht würcken / noch auch so
"regulare Bewegungen in so verschiede-
"nen Orten/Zeiten/Verrichtungen/ und
"Beschaffenheiten der Dinge halten / wo
"nicht einer wäre der ewig bliebe/und die-
"se mancherley Veränderungen der Be-
"wegung selbst disponirte. Dieses We-
"sen/was es auch ist / dadurch alles /
"was erschaffen ist/erhalten wird/nenne
"ich mit dem gewöhnlichen Nahmen
"GOTT. Derowegen/mein Eugenius,

s, (sagte sie) must du lernen verstehen/ daß „
lle Dinge/ welche aus unterschiedliche Stü= „
ken zusammen gefüget/ durch ein wircken= „
es verständiges Leben verfertiget seyn: „
enn was in Auffbauung der grossen Welt „
eschehen ist/ eben das geschiehet in Zeugung „
iner ieden Creatur und ihres Samens in= „
nderheit. Ich dencke/ du weist/ daß das „
Wasser nicht könne auffbehalten werden/ „
ls nur in einem Gefässe. Das natürliche „
Gefässe/ welches GOtt zu dem Wasser ver= „
ordnet hat/ ist die Erde. In der Erde kan „
das Wasser dicke gemacht und in eine gewis „
e Form gebracht werden; aber an und vor „
sich selbst ausser der Erden hat es einen frey= „
en Fluß/ und ist keiner gewissen Form un= „
terworffen. Die Lufft ist auch ein fliessendes „
unumschräncktes Wesen; aber das Wasser „
ist ihr Gefäße; denn wie das Wasser von „
der Erden dicke wird und eine gewisse „
Gestalt gewinnet: also wird auch die Lufft von „
dem Wasser verdickt und in eine gewisse „
Bildung gebracht. Und damit wir noch „
höher gehen/ so coagulirt die Lufft das flie= „
gende Feuer/ und das verdickte Feuer behält „
und verschliesset in sich das dünne Licht. Die= „
se sind die Mittel/ dadurch Gott die Elemen „
ten vereinigt und zusammen füget / daß sie „

" zu einem Sahmen werden mögen: denn die
" Erde verändert die Complexion des Was-
" sers/ und machet es zähe und schleimig. Nach
" einem solchen Wasser müssen sich die jenigen
" umthun/ welche einige extraordinaire ma-
" gische Wercke zu verfertigen verlangen:
" denn dieses spermatische Wasser coaguli-
" ret sich bey der geringsten Hitze/ also/ daß es
" die Natur nachmahls zu metallen verhär-
" ten und auskochen kan.   Du siehest/ daß das
" weisse von Ey dicke wird so bald es nur das
" Feuer fühlet: denn seine Feuchtigkeit ist mit
" einer reinen subtilen Erde vermischt/
" und diese subtile lebendige Erde hält das
" Wasser zusammen.   So nimm nun/ mein
" Eugenius, das Wasser von den Bergen
" des Mondes/ welches Wasser und kein Was-
" ser ist: Koche dieses in dem Feuer der Na-
" tur/ zu einer Erde von zweyerley-art/ weiß
" und roth/ als denn speise diese Erde mit dem
" Feuer von der Lufft/ und der Lufft von dem
" Feuer so hastu die zwey magische Lichter.
" Aber weil du mir lange auffgewartet hast/
" und deine Gedult die Wahrheit deiner Liebe
" erwiesen hat/ will ich dich in meine Schule
" führen/ und dir daselbst zeigen/ was sonst die
" gantze Welt nicht kan. Sie hatte dieses kaum
ausgeredet/ so gieng sie diese Diamant-gleiche

salts:

tz-Felsen vorbey/und brachte mich zu ei=
em rechten Diamant-Felsen/ welcher wie ein
ollkommener Würffel gestaltet war Derselbe
ar ein Fuß einer feurigen Pyramide/ einer
eyeckigten Säule von Carbunckel/ dessen
erschlossene flammen auffwarts gen Himmel
nckelten. An der vorderseite dieses Felsens
ar ein kleines portal angebauet/ und dar=
nen hing ein kleines Gemählde. Es war
n Igel/der sich so enge zusammen gewunden/
ß man ihm nicht leicht beykommen kunte.
ber ihm stand ein Hund/der ihn anschnarche=
/und hart dabey diese Lehre:

Svaviter, aut pungit.

## Sachte/oder er sticht.

Wir giengen hinein/ und als wir in den Fel=
en kamen/ war er inwendig einer hellen schma=
agdenfarbe. An etlichen Orten/schien es als
Blätter von reinem Golde/und ließ sich noch
überdem eine purpur Farbe spühren/ deren
igentliche Art ich nicht wol aussprechen kan.
Wir waren nicht weit gegangen/ als wir zu
inem alten herrlichen Altar kamen; An dem
Offertorio oder der obersten Spitze war ab=
gebildet der Stamm eines alten verfaulten
Baumes/ welcher mit den Wurtzeln ausgezo=
gen war. Aus demselben kroch eine Schlan=

ge hervor / an Farben weiß und grün / lang-
sam in Bewegung / wie eine Schnecke/und
sehr schwach / als ob sie erst vor einer kurtzen
Zeit wäre an die Sonne gekrochen / welche ü-
ber sie her schien. Nachdem Fuß dieses Altars
zu/ war eine Inscription in alten Ægyti-
schen Sinnbildern / (Hieroglyphicis) welche mir Thalia erklärete / und zwar wie folget.

## Diis. Beatis.
## In Cœlo Subterraneo.
## N. L.
T. α. V. Φ.

VOn diesem Orte giengen wir gerade
vorwarts biß wir an eine Höle in der
Erde kamen. Selbige war sehr dunckel und
über all in etwas dumpffig / von sich gebende
einen übeln Geruch/als wenn er aus den Grä-
bern käme. Hier blieben wir nicht lange /
sondern giengen über diesen Kirchhoff / und kamen zu letzt in das Heilige/allwo sich Thalia
zu mir wendete / und diese kurtze und letzte Rede an mich that.
" Eugenius! dieser ist der Ort welchen vie-
" le zu sehen verlanget haben / aber ihn doch
nicht

icht gesehen haben: weil es ihnen an
Vorbereitung zu dieser Einlassung fehl
Sie liebten nicht mich/sondern das Mein
Sie begehrten wohl den Reichthum
Natur/aber die Natur selbst verachteten
erderbeten sie.Sie hatten einigen Vort
in dem angrieff/hätten sie nur die bequel
Gelegenheit zu treffen gewust. Ich
in ihren Händen ; aber sie kanten mich ni
ich war in gewisser maasse ihrer Gew
imkeit unterworffen ; aber der mich
nacht hatte/wolte mich nicht berauben
en. Mit einem Wort zu sagen/sie wa
elbst an ihrem Verderben schuldig.— (
iengen auff mich zu/wie die elende Geschö
e/welche man Courtisanen nennet. (
aben ihre lächerliche Possen und Positu
als wären sie unter den Affen aufferzog
Sie haben ihre mathematische Propor
ien in Reverentz machen / und formi
ounderliche Beine und Gesichter / und
en/ nach der Redens=Art eben dessel
Poëten/ das Maul auff mancherley
e/als wolten sie ein Hexen=Gebet sprech
n ovale/ vier=und dreyeckigte Figur
Also griffen mich diese Sophisten mit ein
iteln Ehrgeitz an ; Als ich aber in ihre H

"tzen hinein sahe/war daselbst gar kein Raum
" vor mich; sie waren voll hoffärtiger Gedan-
" cken/ und träumeten von einer üppigen
" Glückseligkeit/welche von meinen Schätzen
" und auff meine Unkosten müste unterhalten
" werden.    Unterdessen bedachten sie nicht/
" daß ich schlecht und einfältig wäre/ und kein
" grosses Prahlen/sondern ein geheimes süsses
" Vergnügen liebte. Dich/mein Eugenius,
" habe ich ziemlich nach meinem Sinn gefun-
" den: ich habe dich gedultig in Hoffnung er-
" funden/ und du kanst leichtlich glauben/
" wo du Grund dazu hast. Du hast mir alle die
" Zeit ohne Entgelt gedienet/nun ist die Zeit
" kommen dir zu vergelten.    Ich gebe dir
" freywillig meine Liebe/ und dabey diese Zei-
" chen/ meinen Schlüssel und mein Siegel:
" Der eine öffnet/ das ander verschliesset/ ge-
" brauch dich beyder mit Verstand. Du hast
" die Freyheit die Geheimnüsse meiner Schule
" alle zu besehen: hier ist kein Ding/ welches
" ich dir nicht willig offenbahren werde. Ein
" Gebot gebe ich dir/ und dieses ist: Schwei-
" ge.    In deinen Schrifften gehe nicht wei-
" ter/als ich dir vergönne.    Gedencke/daß ich
" deine Liebste sey und mache mich nicht gemein.
" Weil ich aber gerne sähe/ daß du denjenigen
                                          behülf-

ehülfflich wåreſt / welche geſinnet ſind /wie „
u; gebe ich dir hie einen Abriß meines Hei- „
igthums / mit völliger Freyheit/ ſolchen öf= „
entlich heraus zugeben. Dieſes iſts / was „
ich dir ſagen wolte/ und nun gehe ich zu der „
unſichtbahren Gegend/ wo der unſterblichen „
Siz iſt. Laß das Sprüchwort nicht bey „
dir ſtatt finden : Aus den Augen / aus dem „
Sinn. Gedencke meiner und lebe wol. „

Dieſe waren ihre Lehren/ welche ſie mir
kaum gegeben hatte / als ſie mich in ein klares
weites Licht brachte/und da ſahe ich ſolche Din-
ge/welche ich nicht offenbahren darff. Als wir
auff dieſe weiſe alle Stücke dieſes herrlichen
Labyrinths beſichtiget hatten/ führte ſie mich
wieder heraus mit ihrem Lichte/ welches/ in
Geſtalt eines Kläuels von Sonnen-Strah-
len/ vor uns herleuchtete. Als wir die Felſen
des Nilus paſſiret waren / wieſe ſie mir eine
geheime Stiege/darauff wir aus dieſem herr-
lichen/doch tieffen Thale wieder heraus/ auff
unſern gemeinen Erdboden/ ſtiegen. Hier
nahm Thalia mit ſtillſchweigenden ceremo-
nien Abſchied/denn ich ſolte nunmehr allein gelaſſen werden. Sie ſahe mich an mit einem
lächlen/ welches doch mit Traurigkeit vermi-
ſchet war/ denn wir wolten ungern ſcheiden.

B                Aber

Aber die Stunde ihres Abschiedes war ge-
kommen/ und wie wir unser letztes scheiden
(wie ich gedachte) hielten/ gieng sie vor meinen Augen vorbey in den verborgenen Himmel (æther) der Natur.

Nun war ich in Wahrheit gar sehr ver-
wirret/ und in etwas ausser mir selber; aber
ich fassete mich so gut ich konte/ und kam zu einem annehmlichen Wäldlein von Myrten-
bäumen/ woselbst ich mich auff einem/ mit
Blumen bewachsenen Hügel niederließ/ um
das jenige/ was ich gesehen hatte/ zu betrachten. Diese meine Einsamkeit und melan-
cholisches Nachsinnen wärete nicht eben lan-
ge/ weil mir eine angenehme Verhinderung
vorkam. Ich konte Thalia, gleich als am
Ende einer Landschafft/ erblicken/ doch etwas ferne von mir/ wie man die neulich auff-
gegangene Sterne siehet. aber in einem Au-
genblick war sie bey mir unter den Myrten/
woselbst sie sich hart neben mir setzte/ und fol-
gende Rede an mich that. „Ich wolte nicht
„ gerne/ mein Eugenius, daß dir die con-
„ centration aller Wissenschafften unbekant
„ wäre. In den vergangenen/ und weit klü-
„ geren Zeiten der Welt/ als die Magie besser/
„ und von mehrern Leuten/ verstanden ward/

theileten die Lehrer dieſer Wiſſenſchafft ſel- „
bige in drey Theile/ als/ in das Elementa-
riſche/ Himmliſche/ und Geiſtliche. Das „
Elementariſche Theil enthielt in ſich alle „
Geheimnüſſe der Medicin, das Hiũliſche „
die Aſtrologie/ und das Geiſtliche die „
Theologie. Jedes Theil von dieſen war „
an und vor ſich ſelbſt nur ein Aſt oder Glied;
aber wenn ſie alle dreye vereiniget waren/ „
waren ſie eine vollkommene Wiſſenſchafft. „
Nun kan zu dieſer Zeit niemand eine wahr- „
hafftige Medicin, oder Aſtrologie zeigen/ „
auch hat man nichts mehr als eine Wort- „
und Bücher Theologie. Die Urſache iſt „
dieſe. Nach langer Zeit wurden dieſe drey „
Wiſſenſchafften/ (welche ohne eine weſentli- „
che Vereinigung keine Wunder verrichten) „
durch Unverſtand getheilet/ und von einan- „
der abgeſondert/ alſo/ daß eine iede vor eine „
beſondere facultät gehalten ward. Nun „
hatte GOtt dieſe dreye in einem natürli- „
chen ſubjecto vereiniget/ aber der Menſch „
trennete ſie/ und gab ihnen kein anderes ſubje- „
ctum, als ſein eigenes Gehirn: daſelbſt „
blieben ſie in Worten und in der Einbildung/ „
nicht in den weſentlichen Elementen und der „
Wahrheit. In dieſem Stande waren die

Wiſſen-

" Wiſſenſchafften ſtodt und ohne

" ſie machten nur ein unnütze Ge

" ſie getrennet: Als wenn du einer

" zergliedern wolteſt/ und alsden

" würde ein iedes Stück inſonderh

" ge verrichten/ was der gantze M

" als er noch im Leben war.   Du

" die natürliche Erfahrung ſelbſt/

" ner einigen Wurtzel verſchieden

" Weſen wachſen/als Blätter/Blu

" te und Saamen; Alſo wachſen al

" lar-Naturen/und ihre individu

universal-Wurtzel nemlich de

" Nun iſt keine wahre Wiſſenſchaff

" che entweder gegründet iſt auff ein

" lares Weſen/welches wir mit un

" nen erkennen können; oder auff da

" liche universal-Weſen/ daraus

" Dinge gemacht ſind.   Was die l

lia in Abstracto anlanget/ſind ſel

" als leere Träume: denn die Abſtr

"ſind nur Einbildungen.  Betra

" Eugenius, daß alle Dinge/ja de

" ſelber/nichts materialiſches in ſich

" ſie nicht von der universal-Mate

" Betrachte hinwieder/ daß dieſe Di

"in ihre erſte natürliche universal-

können gebracht werden/ und folglich hat diese „
univerſal = Materie die Geheimnüße aller „
Dinge in ſich: denn was eine Sache in ſich „
hat/ daſſelbige hat auch die Wiſſenſchafften/ „
perſelben Sache in ſich. Schließlich iſt in „
der erſten Materie die Göttliche Weißheit/ „
als in einem allgemeinen Chaos und Cen- „
tro verſamlet; aber in den jenigen Dingen/ „
welche von der erſten Materie gemacht ſind/ „
iſt dieſelbe ausgebreitet/ gleichſam als in einen „
weiten Umfang. So bleibts deñ wahr/ daß „
das Chaos ſey das Centrum aller Wiſſen- „
ſchafften/ dahin ſie alle können und müſſen „
reduciret werden: denn es iſt das begreiffli- „
che natürliche Myſterium Magnum, und „
unter GOtt/ der andere Tempel der Weiß- „
heit. So examinire derowegen die Theile „
dieſes Chaos, nach den Regeln und Unter- „
richtungen/ welche ich dir gegeben/ als ich „
mit dir in der mineraliſchen Gegend war. „
Liege nicht gantz und gar auff der Praxi; „
denn ſolches iſt nicht der rechte Weg etwas „
mehres zu lernen: brauche die Vernunfft „
bey deiner Erfahrung/ und laß das Gemüth „
ſo wol/ als die Hände geſchäfftig ſeyn. Be- „
mühe dich alle Urſachen und ihre Würckungen „
zu wiſſen: ſtudire nicht einig und allein auff „

B 3 Pro-

" Proceſſe wie die Stümpler/welche ſich Chy-
" micos nennen/ aber in wahrheit keine Philo-
" ſophi ſind. Dieſes iſt alles/welches ich zu mei-
" nen vorigen Regeln hinzu zu thun nöthig er-
" achte; aber darum ich wiederkomme/ iſt eine
" andere Sache/ welche ich dir nun entdecken
" will. Ich glaube/du habeſt vormahls wol von
" Berylliſtiſchē Theil der Magie gehöret/ ver-
" ſtehe mich recht/ſo will ich dir den Grund zeigē.
" Du muſt wiſſen / daß die Sterne keine neue
" Einflüſſe in einen vollenkommenen Cörper
" imprimiren/ ſie diſponiren nur/ und er-
" wecken etlicher maſſen die vormahls im-
" primirte influentz. Es iſt gar gewiß/
" Eugenius, daß keine Würckung der Ge-
" ſtirne ſtatt hat/ ohne vorhergehende Ver-
" derbung und Veränderung in dem leiden-
" den Theile/denn die Natur würcket nur in
" den Elementen/ wenn ſie ungebunden/
" feucht und in Unordnung ſind. Dieſe Un-
" ordnung kommet nicht von den Sternen/
" ſondern von der Wiederwertigkeit der Ele-
" menten unter einander ſelbſt: wenn dieſelbe
" nun ausbricht/ und ihre eigene Zerſtörung
" würcket/ als denn tritt das Himmliſche Feu-
" er zu/ ſie wieder zu vereinigen / und zeuget
" eine neue Form, weil die alte nicht länger be-
ſtehen

stehen konte. So nimm nun in acht / daß
die rechte Zeit der Impreſſion ſey / wann die
Principia noch in dem Samen und gleichſam ohne Federn ſeyn; wann ſie aber einmahl coagulieret ſind zu einen vollenkommen Cörper / ſo iſt die Zeit der Sternenwür-
ckund vorbey. Nun reden die Alten Magi in
ihren Büchern von ſeltſahmen Aſtrologi-
ſchen Lampen / Ringen / Platten / welche zu
gewiſſen Stunden Verfertiget unglaubliche
Sachen würcken ſollen. Der gemeine Aſtro-
logus nimmt einen Stein oder ein Stück
Metall / bildet darauff lächerliche Chara-
cteren, und denn legt er ſie öffentlich den
Planeten dar / nicht in einer Alkemuſi, ſondern als es ihn ſelbſt träumet / ich weiß nicht
wie. Weñ dieſes geſchehen / iſt es alles um-
ſonſt / aber ob ſie gleich in der That ſelber fehlē /
glauben ſie doch / ſie verſtehen die Bücher
der Magorum gar wol. Nun Eugenius,
daß du mögeſt wiſſen / was zu thun ſey / wil
ich es dich in einem Exempel lehren. Nim̄
ein reiffes Körnlein / welches hart und trucken iſt / legs an die Sonne in einem Glaſe
oder andern Gefäß / ſo wirds doch immer
fort ein truckenes Korn bleiben ; ſo du es
aber in die Erde begräbeſt / daß die nitröſiſche,

" gesaltzene Feuchtigkeit der Erden es möge
" auff lösen/ als wird denn die Sonne darinnen
" würcken/ und machen/daß es zu einem neu-
" en Cörper auswachse.   Eben also ists mit
" den gemeinen Astrologo,er leget den Pla-
" neten einen vollenkommenen verschlossenen
" Cörper vor/ und meynet dadurch die ga-
" maæa der Magorum zu treffen/ und die
" Untere und Obere Welt zu vereinigen. Der
" Cörper muß zu einen Saamen gemacht wer-
" den/daß die Himmlische Weibliche Feuchtig-
" keit/welche die Würckung der Sterne fängt
" und hält/ möge frey/ und unmittelbahr dem
" männlichen Feuer der Natur offen seyn.
" Dieses ist der Grund des Berylls : aber ge-
" dencke auch/ daß nichts könne mit der Krafft
" der Sterne erfüllet werde ohne dem Magne-
" tismo der drey Himmel zusammen / was
" diese seyn/ habe ich anderswo gesaget / und
" will ich dir nicht verdrießlich seyn mit Wie-
derholung desselben.   Als sie dieses gesagt/
nahm sie aus ihrem Busen zwo wunderbahr-
liche Medallien/ nicht von Metall/ sondern
von einer Materie/dergleichen ich nie gesehen/
auch mir nicht Eingebildet/ daß in der Natur
solche reine herrliche Wesen wären.   Nach
meinen Urtheil/ waren es zweene Astrolas-
mi

annte sie Sapphire der Sonnen
ndes. Diese Wunderwercke rete sie mir zu betrachten / und
ich / als ob sie schläfferig wäre/
mir selbige erkläret haben; Ich
erwunderte sie / und bemühete
zu betrachten.    Ihre Natur
ch / ihre Verfertigung so geheim/
uste / was ich daraus machen solte mich auff die Seite/zu sehen/
mer schlieffe /    aber sie war
ieses verwirrte mich nicht ein
erwartete ihrer Wiederkunfft/
gar hinweg war ; aber sie kam
rschein. Zu letzt richtete ich mei-
f den Orth / da sie eine weile ge-
daselbst fand ich einige Stücken
es sie hinter sich gelasse hatte/und
Papier zusammen geleget / wie
diesen nahm ich auff/ und weil die
am/und der Abend-Stern im
sahe ich ihren grünenden Hügel
von ihm folgender massen Ab-

B 5                    Fahr

FAhr wohl du grüner Berg/ fahr wohl/
daß dich bekleide

Der Sonnen helles Glantz/ mit Pur-
pur/ Gold und Seide

Das gantze Jahr hindurch! Allein ach
daß nur hatt'

Die Schön' ihr Gold gespahrt/ gnug
daß du wärst ihr Bett;

Indem die Schöne schlieff auf dir/ und
dich berühr'te

Mit Ihrer Strahlen-Macht/ und mir
gefangen führte

Das Hertz in Liebes Band: Drumb
neid' ich deine Zier/

Und wünsche/ daß sie möcht die Strahlen zeigen hier.

Das weiße Angesicht wahr herrlich an-
zusehen.

Den Purpur sahe man auf ihren Wan-
gen stehen;

Und wo die zarte Haut nicht hätte diesen Pracht

Der schönen Röthe umschränckt/ und
eine Wand gemacht/

Das edle Blumen Paar dadurch zu un-
terscheiden/

Es hätte sich die Krafft gesondert ab von
beyden.

Durch

Durch groß und starcke Hitz' ein Leben
ihr bereit

Und durch ein eig'ne Seel/sich selbst ver-
sorgt auf Zeit.

wohlbeglückter Berg! ob du gleich bist
mit Erden

Bedecket/kanst du doch/durch sie ein Himmel werden.

Denn du dir eingebildt/da ihres An-
gesichts

Dir leuchte wie die Sonn/wann sie die
Wolcken bricht.

reich gezierter Berg! Schau wie aus
ihrem Munde

Ein schönes Räuchwerck fleust/ daß dich
zu aller stunde

Besprenget mildiglich: Dein Ruhm
wird Ewig seyn/

Weil du nun worden bist der schönen
Kämmerlein.

Das Agtstein=farbe Haar lag kraus auf
dir gebogen/

Als wäre Laub und Graß/mit Golde ü-
berzogen.

O dreymahl reiches Land/ das solche
Schätze hägt/

Das Agtstein/Räuchwerck/Gold/ auf
seinen Boden trägt.

Dieser

Dieſer iſt der Magiſche Emblematiſche
Abriß/welchen mir Thalia gab in dem unſichtbahren Guiana. Der erſte und oberſte Theil
deſſelben bildet ab die Berge des Mondes. Die
Philoſophi nennen ſolche gemeiniglich die
Indianiſchen Berge/ auff deren Spitze ihre
geheime und berühmte Lunaria wáchſt. Dieſes Kraut iſt leicht zu finden/nur daß die Menſchen blind ſind : denn es offenbahret ſich ſelber
und ſcheinet zu Mitternacht wie eine Perle.
Die Erde dieſer Berge iſt ſehr roth und weich/
daß mans nicht ausſprechen kan. Sie iſt
voll Chryſtalliniſcher Felſen / welche die Philoſophi ihr Glaß und ihren Stein nennen:
Vögel und Fiſche (ſagen ſie) bringen ſelbigen zu ihnen. Von dieſen Bergen ſagt Hali,
der Araber/ein trefflicher judiciöſer Scribent : Gehe mein Sohn auff die Berge
Indiens und in ihre Höhlen / und nimm
daher die wehrte Steine/welche in Waſſer
ſchmeltzen/wenn ſie damit vermiſcht werden. Man könte viel von dieſen Bergen
ſagen/ ſo man ihre Geheimniſſe offenbahren
dürffte : aber eines will ich mich nicht ſcheuen
euch zu ſagen. Dieſe Oerther ſind ſehr gefähr-
lich nach Mitternacht denn es finden ſich daſelbſt viel Feuer uñ andere ſeltzame Erſcheinun-
gen

en/welche (wie ich von **Magis** gehöret) von
gewissen Geistern herkommen/welche mit dem
Saamen der Welt ihr Spiel treiben und ihr
maginationes denselben imprimiren/da-
urch sie offtmahls viel Blendwerck und Aben-
theuer zu wege bringen. Die Reise und der
Zugang dieses Orts mit ihren Beschwerligkei-
en/ sind treulich und wahrhafftig beschrieben
von den Brüdern des Rosen-Creutzes. Ihre
Redens-Arth ist in warheit einfältig/ und viel-
leicht/von den meisten Menschen verächtlich;
aber zierlich zu reden war gantz und gar nicht
ihr Vorsatz/ ihre hohe Wissenschafft liegt nicht
in Worten/ sondern in derselben Verstande/
und dieses ist dasjenige/ was ich dem Leser zu
betrachten vorlege.

Ein

# Ein Brieff von den Brü-
dern des
## Rosen-Creutzes.
### Betreffend den unsichtbahren
## Magischen Berg/
#### und den darinnen verwahrten
## Schatz.

Unusqvisque natura Dux e[s]
desiderat : habere aureos & a[r]
genteos Thesauros, & magn[i]
videri coram Mundo. DEUS aute[m]
hæc omnia creavit, ut Homo iis ut[a]
tur, eorumqu[e] sit Dominus, & agn[o]
scat in illis singularem ejus bonitate[m]
& omnipotentiam , Ipsi gratias aga[t]
Eum honoret & laudet. Nemo aute[m]
vult hæc omnia, nisi otiosis diebus
nullo labore & periculo præeun[t]
conqvirere, neque ex loco ea con[ferre]
qui, in quo DEUS illa posuerit, e[t]
amq; vult, ut qværantur, & qværen[ti]
b° dabit. Nemo verò vult, sedem sibi
illo loco quærere, & propterea etia[m]
n.

non inveniuntur. Siqvidem a longo
tempore, Via & locus ad Hæc inco-
gnitus est, & maximæ parti abscon-
ditus. Etim si verò locum & viam dif-
ficile & laboriosum sit invenire, locus
tamen est investigandus. Cum verò
Deus nihil coram suis absconditū ve-
lit, ideò in hoc ultimo seculo, anteqvā
Judicium extremum veniat, Dignis
hæc omnia sunt revelanda : uti (ob-
scurè quidem satis, ne manifesta fiant
Indignis) in qvodam loco [a] inqvit :
Nihil est absconditum, qvod non re-
veletur.   Nos igitur spiritu Dei acti,
hanc Dei voluntatem Mundo an un-
ciamus, uti etiam in diversis linguis
à nobis factum & publicatum est.
Istam verò publicationem aut major
pars calumniatur, aut contemnit, aut
sine Deo promissa ejus penes nos
qværit, exiltimans nos illos statim
docturos, qvo modo Aurum Chymi-
cum sit præparandum, aut illis affer-

re

(a) Matth. 10. v. 26.

re magnos Thesauros, qvibus possint
coram mundo pompose vivere, su-
perbire, bella gerere, lucra exercere,
helluari, potare, incontinenter vivere
& in aliis peccatis vitam commacula-
re: qvæ tamen omnia contraria sunt
voluntati ipsius DEI. Hi exempla
capere debent à decem virginibus illis, (qvarum qvinque stolidæ à pru-
dentibus oleum petebant) esse mul-
.im aliam rationem, dum nimirum
)pus sit, ut qvilibet proprio labore &
studio in Deo id conseqvatur.    Non
tamen illorum sociorum animos, ex
singulari DEI gratia & revelatione
etiam ex ipsorum scriptis, agnoscimus
aures nostras obturamus, & qvas
nubibus nos obducimus, ne ipso
rum boatus & ejulatus audiamus, qv
in vanum AURUM damnant. Atqv
hinc fit etiam, qvod multum conviti
orum & calumniarum contra no
effundunt, qvæ non curamus, seċ
Deus suo tempore judicabit.

Postqvam verò nos Vestrum Duo-
um diligentiam & seduli atem ,
qvam in vera cognitione Dei &lecti-
onesacrorum Bibliorum impenditis
ampridem (qvamvis Vobis inscienti-
bus) bene scivimus , etiam ex vestro
gnovimus scripto ; Nos etiam Vos,
præ multis aliis millibus responso ali-
quo dignari voluimus , & vobis hoc
gnificare ex permissu Dei & spiritus
ancti admonitione.

Est MONS situs in medaio Terræ,
vel Centro orbis , qvi est parvus &
magnus , est mollis , etiam supra
modum durus & saxosus ; unicui-
que propinqvus & longinqvus, sed
ex consilio Dei invisibilis. In eo sunt
maximi Thesauri absconditi , qvos
mundus numerare non potest ; qvi
nons ex invidia Diaboli ( qvi omni
empore Dei gloriam, & felicitatem
Hominis impedit ) multum trucibus
Animalibus & aliis avibus rapacibus

C                                  circum-

circumdatus eft, qvæ viam Homini
reddunt difficilem & periculofam
& propterea hucusqve etiam ( qvia
Tempus nondum eft ) hæc via nec
dum ab omnibus quæri potuit aut in-
veniri.   Nunc verò â Dignis, ( inte-
rim proprio cujusqve labore) via invenienda eft.   Ad hunc Montem ite
Nocte qvadam (cum ea fit) longiffi-
ma & obfcuriffima , & præparate
vosmetipfos perfideles precationes.
Infiftite in viam, ubi mons fit inveni-
endus.   Qværite autem ex Nemine,
ubi via fit invenienda, fed feqvimini
fideliter veftrum Ductorem, qvi fe
vobis fiftet, & in itinere vos offendet;
Vos verò Illum non agnofcetis. Hic
media nocte, cum omnia tranqvilla
& obfcura funt, vos ad Montem ad-
ducet; fed neceffe eft,ut vos præmu-
niatis animo magno & heroico, ne re-
formidetis ea, qvæ vobis occurrent,
&recedatis.   Nullo gladio corporali
indigetis, nec aliis armis ; fed Deum
folum

blum modò invocate fincerè & ex
animo. Poftqvam vidiftis Montem
primum Miraculum, qvod procedet,
hoc eft. Vehementiffimus & maxi-
mus Ventus, qvi Montem commove
it, & Rupes dicutiet. Tunc vobis fe
fferent Leones & Dracones & alia
terribilia Animalia ; fed nihil hæc
eformidate : Eftote ftabiles, & cave-
e, ne recedatis : Nam vefter Condu-
tor, qvi vos conduxit, non permit-
et, ut aliqvid mali vobis fiat. Verum
Thefaurus nondum eft detectus , fed
alde propinqvus. Hunc Ventum
eqvitur Terræmotus , qvi abfolvet
a, qvæ Ventus reliqvit, & æqvabit
a : cavete tamen, ne recedatis. Poft
Terræ motum feqvetur Ignismaxi-
mus, qvi omnem terreftrem Materi-
m confumet , & Thefaurum dete-
et; Vos verò eum videre neqvitis.
Verùm poft hæc omnia & ferme cir-
ca tempus matutinum erit Tranqvil-
itas magna & amica, & videbitis ftel-

C 2                                    lam

lam matutinam afcendere, & Auroram aſſūrgere, & magnum Theſaurum animedvertetis : penes qvem præcipuum & exactiſſimum eſt ſumma qvædam Tinctura, qva Mundus (ſi Deo placeret, & tantis donis dignus eſſet) poſſet tingi & inſummum Aurum converti.

Hac Tinctura utentes, uti vos docuerit veſter Conductor, vos qvamvis ſenes, reddet juvenes, & in nullo membro animadvertetis ullum morbum. Penes hanc Tincturam invenientis etiam Margaritas, qvas ne qvidem licet excogitare. Vos verò nihil capietis pro autoritate veſtrâ; ſed ſitis cum eo contenti, qvod vobis Con. ductor communicabit. Deo ſemper gratias agite pro Hoc & ſummam Curam intendite ne coram Mundo ſuperbiatis, ſed dono hoc recte utimini, & in ea impendite, qvæ Mundo ſunt contraria, & ita poſſidete, quaſi non haberetis. Ducite vitam tempe-

atam.

ratam, & cavete ab omni genere pec-
cati, alioqvi hic vester Conductor à
vobis se divertet, & privabimini hac
felicitate. Scitote enim hoc fideliter:
Qui Tinctura hac abutitur, & non
vivit exemplariter , purè & sincerè
coram Hominibus , beneficium hoc
amittet & parum spei restabit, qvo
iterum id recipere possit. &c.

Also haben sie uns den Berg Gottes beschrieben / den geheimen Philosophischen
Horeb, welcher nichts anders ist/als der höchste und reineste Theil der Erde. Denn derselbe obere geheime Theil dieses Elements ist
ein heiliger Grund / und Aristoteles saget
seinen Peripateticis: Je höher ein Ort ist/
ie heiliger ist er. Er ist der Acker /darein
die Ewige Natur ihren Saamen säet / das
unmittelbare Gefäß den Himmel zu fassen/
allwo alle Mineralien/ und Vegetabilien
ihre Wurtzeln haben/ durch welchen auch die
Natur und das Regiment der Thiere erhalten wird. Dieser Philosophische schwartze
Saturnus tödtet und coagulirt den unsichtbahren Mercurium der Sterne; und hingegen der Mercurius tödtet und löset auff den

E 3      Satur

Saturnum , und aus der Verder
beyder zeuget die innerliche Centr
äusserliche Sonne einen neuen Cörp
her sagen die Philosophi , wenn
Stein beschreiben / er sey ein sc
schlechter stinckender Stein / u
Ursprung der Welt genennet u
habe seinen Ursprung wie die
Was den Brief der Bruderschaff
will ich denselben zur Vergnügung
nen Mannes verdolmetschen.   J
nige Doctores , die da meynen /
hieraus wenigen Vortheil haben; a
dadurch ihre Unwissenheit an den Z
sie versichern / daß die Materie n
klar entdecket sey / und was die geh
reitung betrifft / so ist kein privat
ihrer gedacht / aber allhier haben
und treulich beschrieben.   Ich b
ihre Lehre verdeckt sey / und sie verl
dens-Arten brauchen / welche a
und wol zu verstehen / und laute
also.

Jedermann verlanget von
Regent zu seyn/Silberne und Gül
ße zu haben / und vor der Wel
scheinen. Gott hat aber alles ersch

Nutzen des Menschen/ daß er darüber herr-„
schen und darinnen die sonderliche Güte und „
Allmacht Gottes erkennen möge / Ihm vor ”
seine Wolthaten zu dancken / und Ihm zu ”
ehren und preisen. Niemand aber trach-”
tet nach diesen Dingen anders/ als daß er sie in „
faulen Tagen ohne vergehende Arbeit und „
Gefahr zu geniessen suchet/ oder nimmt ihrer ”
wahr an dem Ort / wohin sie Gott geleget ”
hat / und will/ daß sie der Mensch daselbst su-”
chen soll/ woselbst Er sie auch den suchenden ”
mittheilen will. Aber niemand verlanget „
eine Wohnung an selbigen Orte zu suchen/ „
und derowegen wird dieser Reichthum nicht „
gefunden. Denn der Weg zu diesem Orte/und ”
der Ort selbst / ist lange zeit unbekant gewesen/”
und ist nach den grösten Theil der Welt ver-”
borgen. Aber ungeacht es schwer und müh-”
sahm ist / diesen weg und Ort zu finden/ soll „
man ihn doch suchen. Denn es ist GottesWil-„
le nicht/ daß den Seinigen etwas verborgen „
sey: derowegen müssen in dieser letzten Zeit/ehe ”
das jüngste Gerichte kömmt alle diese Dinge/ ”
denen die dessen werth sind / offenbahret wer-”
den wie Er ( wiewol dunckel genug / daß den „
Unwürdigen nicht kund werde) an einen Ort „
spricht : Es ist nichts so verborgen/ daß „

"es nicht ans Licht kome. (b) Wir derowe
"gen/ getrieben von Gottes Geist/ verkündi
"gen den Willen Gottes der Welt / welche
"wir auch in unterschiedlichen Sprachen ge
"than (c) und kund gemacht. - Aber die mei
"sten Leute schmähen oder verachten diese
"Manifest. und erwarten unsere Verheissung
"ohne daß sie auff Gott sehen/meynen wir wer
"den sie gleich Gold machen lehren / oder ih
"nen grosse Schätze schaffen vor der Wel
"prächtig zu leben/zu prangen/ Krieg zu füh
"ren / zu wuchern/schlemmen / sauffen / un
"keusch zu leben / und ihr gantzes Leben mit
"mancherley andern Sünden zu beflecken ;
"welche Dinge alle/dem Wille Gottes zugegen
"sind. Diese Leute solten von den zehen Jung
"frauen gelernet haben/ unter denen die fünff
"thörichten Oehl zu ihre Lampen von den fünff
"weisen begehreten ) wie gar anders es um die
"Sache stehe : weil es nöthig ist/ daß ein ieder
"durch seine eigene Arbeit und Gottes Bey
"stand selbiges zu erlangen sich bemühe. Aber
"wir verstehen durch sonderliche Gnad und Of
"fenbahrung Gottes ihre Meynung aus ihren
"Schrifften:darum verstopffen wir unsere Oh
"ren/und bedecken uns gleichsam mit Wol-
                                              cken/

(a) Matth: 26.    (b) Fama & confessio Fra-
    trum. R. C.

cken/daß wir ihr Geschrey und Heulen nicht „
hören dörffen Daher kommt es auch / daß sie „
uns mit schmähen und verläumden hefftig zu- „
sezen/welches wir doch nicht achten / Gott „
aber zu seiner Zeit richten wirdt.

Nachdem wir aber (obgleich euch selbst „
unbewust ) wol erkant und aus einen Schrei
ben sehen/wir ihr fleissig ihr seyd/Gott recht zu „
erkennen/ und die heilige Schrifft zu lesen; „
haben wir euch auch vor viel tausend andern „
unserer Antwort würdig geachtet / und deu- „
ten auch dieses an/aus Zulassung Gottes/und „
erinnerung des Heiligen Geistes.

Es ist ein Berg/welcher mitten in der Er- „
de oder in dem Centro der Welt liegt/ beydes „
klein und groß ist.  Er ist weich / er ist auch „
über aus harte und steinigt. Er ist ferne und „
nahe; aber durch die Vorsehung GOttes „
unsichtbar.  In demselben liegen überaus „
grosse Schätze verborgen/ welche die Welt „
nicht zehlen noch schätzen kan.  Dieser Berg „
ist durch des Teuffels Neid [ welcher immer- „
fort der Ehre GOttes und der Glückselig- „
keit des Menschen sich widersezet ) mit sehr „
grausamen Thieren und Raubvögeln umge- „
ben/ welche den Weg dahin schwer und ge- „
fährlich machen: und derowegen hat bißhe- „
ro/weil die Zeit noch nicht gekommen war/ „

"der Weg dahin weder gesucht noch gefunde[n]
"werden können. Nun aber kan dieser W[eg]
"von den würdigen/ aber durch eines jeden A[r]-
"beit und Bemühung/ insonderheit erfunde[n]
"werden.

"Zu diesem Berge gehet in einer gewi[ssen]
"Nacht/ (wenn die rechte Zeit kömmet) we[l]-
"che sehr lang und sehr dunckel ist/ und seh[et]
"zu/ daß ihr euch selbst mit embsigen Gebe[t]
"dazu schicket. Tretet auff den Weg / der z[u]
"dem Berge führet/ aber fraget niemand/ w[o]
"derselbe anzutreffen sey : folget nur eurer
"Führer nach/ der wird sich euch selber anbie[-]
"ten/ und euch auff dem Wege begegnen : ih[r]
"aber werdet ihn nicht kennen. Dieser Füh[-]
"rer wird euch zu dem Berge bringen/ z[u]
"Mitternacht/ wenn alles still und finster is[t]
"Es ist hochnöthig/ daß ihr euch mit einem tap[f]-
"fern Helden = Muth rüstet / daß ihr eu[ch]
"nicht fürchtet/ für den Dingen/ welche eu[ch]
"begegnen werden/ und also zurücke weichet
"Ihr brauchet keines leiblichen Schwerd[-]
"tes/ noch einige andere Waffen/ nur ruffe[t]
"GOtt mit auffrichtigem/ inbrünstigem Her[-]
"tzen an. Wenn ihr den Berg werdet gese[-]
"hen haben/ wird das erste Wunderwerck/ s[o]
"euch erscheinen wird/ dieses seyn. Ein seh[r]
heffti[g]

ᵒ ſtarcker Wind/ welcher
ttern/und die Felſen zerbrec
den euch auch Drachen/ Löw
hreckliche Thiere vorkomm
aber vor derer keinem. S
nütet euch/daß ihr nicht wi
t: denn euer Führer / der (
t hat/wird euch nichts übels
. Was den Schatz betriff
nicht offenbahr/ aber ſehr n
Winde wird ein groſſes Er
/welches das jenige alles/
brig gelaſſen hat / über e
ffen/und eben machen wird
ihr nicht zurück tretet. N
en wird ein Feuer folgen/
che Materie verzehren und
licht bringen wird. Nach
d bey nahe mit Anbrechung
eine groſſe Stille werden/
en den Morgenſtern auffge
rgenröthe hervorbrechen/
Schatz finden. Das vorne
ommenſte in demſelben iſt e
hete/und ausgearbeitete T
welche die gantze Welt( ſo
e/und ſie es werth wäre) ᵏ
ᵗ

"tingiret / und in das reineſte Gold verwan-
„ delt werden.

„ Dieſe Tinctur wird euch verjüngen
„ ſo ihr ſie gebrauchet / wie euch euer Führer
„ lehren wird/ und ihr werdet in keinem Glie-
„ de euers Leibes einige Kranckheit ſpühren.
„ Durch Hülffe dieſer Tinctur werdet ihr auch
„ Perlen finden/ ſo vor trefflich / daß ihr euch
„ dergleichen kaum werdet einbilden. Aber/
„ nehmet ihr euch kein Ding ſelbſt / vor eurem
„ Kopff/ ſondern ſeyd mit dem zufrieden / was
„ euch euer Führer mittheilen wird. Rüh-
„ met GOtt ewiglich vor dieſe ſeine Gabe/ und
„ nehmet euch ſonderlich in acht/ daß ihr ſie nicht
„ zu weltlichem Stotz gebrauchet / ſondern in
„ ſolchen Wercken anwendet/ welche der Welt
„ zugegen ſind. Gebraucht es recht und ha-
„ bet es/ als hätter ihr es nicht. Liebet einmäſ-
„ ſiges Leben / und hütet euch vor allen Sün-
„ den; ſonſt wird euch euer Führer verlaſſen,
„ und ihr werdet dieſer Glückſeligkeit berau-
„ bet werden. Denn wiſſet dieſes vor gewiß/
„ wer dieſe Tinctur mißbrauchet / und nicht
„ Exemplariſch/ rein/ und andächtig vor den
„ Menſchen lebet/ wird dieſe Wohlthat verlieh-
„ ren/ und ſchwerlich die Hoffnung behalten/
„ ſie iemahls wieder zu erlangen ꝛc.

So

So viel haben wir von diesen berühmten
christlichen Philosophis, welche ohne allen
Zweiffel viel erlitten wegen ihres klugen Stil-
schweigens und ihrer Einsamkeit. Ein ieder
Sophiste verachtet sie / weil sie nicht vor der
Welt erscheinen/und schliesset es sey keine solche
Societät/weil er kein Glied derselben ist. Es
ist kaum ein Leser so rechtfertig/daß er betrach-
tet/aus was ursachen sie sich selbst verbergen/
und nicht öffentlich herfürtreten / wenn ieder
Narr rufft/ kömt herein. Niemand siehet
sich nach ihnen üm / ohne wegen weltliches
Nutzens/und würde gewißlich die Kunst/ wenn
sie nicht Gold zu machen verspräche / gar wenig nachfolger haben. Wie viel sind in der Welt/
welche die Natur untersuchen / GOtt daraus
zu erkennen? Sie dencken und studiren auff
ein recept vor ihren Seckel nicht vor ihre See-  *partic:*
len/noch in guter Meynung vor ihrt Leib. So
ists denn billig/ daß man sie in ihrer Unwissenheit lasse/daß sie dadurch gebessert werden: viel
leicht wird die Vergeblichkeit ihrer Hoffnung
sie zu rechte bringen; so lange sie aber bey dieser
weise bleiben / wird ihnen weder GOtt noch
Menschen beystehen.

Der unterste Theil dieser Figur præsenti-
ret einen finstern Circkel/ welcher von man-
cher-

cherley Wund erthieren / und des Aristo
lis Mißgeburth halb Bock/halb Hirsch
metaphysischen Thiere der Universitäte
bewohnet war.    Dieses bedeutet die unzehli
falsche concepten!/ und Einbildungen
Menschen. Denn ehe wir zur Wahrheit ko
men / sind wir tausenderley Phantasien
dichteten Einbildungen und Vorstellung
unterworffen / welche wir fälschlich gläub
und offtmahls öffentlich ans Licht geben / r
die Wahrheit selber. Diese Phantastische G
gend ist die wahrhafftige / anfängliche Pflan
schule aller secten und ihrer Uneinigkeiten.D
her ist herkomen der verzweifflende Scepticu
der liederliche Epicurus, der heuchlerisc
Stoicus , und der Atheistische Peripate
cus. Daher kommet auch das vielfältige Za
cken wegen der Natur : ob die erste Mater
sey Feuer / Lufft / Erde oder Wasser/oder ei
Versammlung der eingebildeten atomorur
welche lehren alle falsch und Fabel hafft sind.S
wir auff die Religion und ihren Unterschied s
hen: woher sind die gegenwärtigen Ketzerey
und Trennungen entstanden / als von unter
schiedlichen irrigen Meynungē der Menschen
Warrlich weil wir unsern Phantasien folger
und auff ungegründete Einbildungen bauer
                                    müsse

...issen wir nothwendig des rechten Weges ver-
...len / und im Finstern tappen/wie diejenigen/
...en die Augen verbunden. Hingegen wo
...r eine Richtschnur zu unsern Gedancken ge-
...rauchen / und dieselbige nach der Erfahrung
...xaminiren / so sind wir auff den rechten We-
.../daß wir nicht fehlen können. Denn wir
...ben die rechte Regel und Richtschnur / wel-
...he GOtt uns darnach zu richten/gegeben hat.
...r hat die Natur umsonst erschaffen / wo wir
...ey unsern eignen concepten bleiben/und uns
...rer Principien nicht gebrauchen. Es wä-
...e gar ein glücklicher Zwang/wo unsere Ge-
...ancken sich nicht verändern könten aber so wir
...edencken wollen/wir könten die Warheit durch
...loses Nachdencken / ohne Erfahrung/finden/
...as wäre eben eine so grosse Thorheit/als wenn
...in Mensch seine Augen vor der Sonnen ver-
...hliessen wolte / und dem glauben er känte von
...onden gerade nach Groß-Cairo kommen/weil
...r sich einbildet / er sey auff dem rechten Wege/
...hne Hülffe des Lichts. Wahr ists/daß niemand
...n die Magische Schule kommt/der nicht zu erst
...n dieser Phantastischen Gegend irre gegan-
...gen: denn was wir zu erst versuchen/ ehe wir
...ie Warheit aus der Erfahrung lernen / ist
...mehrentheils falsch und irrig. Dennoch so
...ollen wir so vernünfftig und gedultig seyn in
den

unfern Suchen / daß wir unfere Meynungen den Leuten nicht mit Gewalt auffdringen /ehe wir geschickt seyn sie zu erweisen.

Ich habe allezeit der vernünfftigen und wohlgegründeten Rede des Basilii Valentini beyfall gegeben: So lerne nun mein Disputation und suche zuerst den verborgenen Grund der Natur mit den Augen und Händen: So wirstu alsdenn klüglich und judiciöse von den Sachen reden/ und auff einen unüberwindlichen Felsen bauen können. Ohne dieses aber wirstu ein nimützer Schwätzer bleiben / dessen Reden ohne einige Erfahrung auff blosen Sand gegründet sind. Wer mich aber durch sein Disputiren und Plaudern etwas lehren will / der speise mich nicht mit blossen Worten ab/sondern es muß der Beweiß der Erfahrung mit dabey seyn/ ohne welchen ich nicht gehalten bin/ den Worten glauben zu geben. Und an einem andern Ort. Ich achte keinen Plauderer (sagt Er) der nicht aus eigener Erfahrung redet. Denn seine Reden sind eben so gegründet/ als eines blinden Urtheil von den Farben. Diese sind gewißlich alle reden/eines wahren Philosophi,der nicht die blossen Nahmen/sondern die Natur der Dinge stu-

studieret hat. Ich setze sie als eine Bartle-
sie den Aristotelicis entgegen: wo sie nothwendig ihre Syllogismos mustern wollen/
erwarte ich auch/daß sie ihr Geschwätz mit ihrer
Erfahrung erweisen mögen.

In diesen Phantastischen Kreiß stehet ihre
Lampe/ welcke das Licht der Natur abbildet.
Dieses ist GOttes geheime Kertze/ welche Er
in den Elementen auffgestecket hat: sie brennet und wird nicht gesehen/ denn sie scheinet an
einem dunckeln Orte. Ein ieder natürlicher
Cörper ist eine Art einer schwartzen Laterne/er
hat ein Licht bey sich/ aber solches kan nicht gesehen werden/ denn es wird von der Grobheit
der materie verfinstert. Die Würckungen
dieses Lichts erscheinen in allen Dingen; aber
das Licht selber wird von vielen/ entweder ge-
läugnet/oder ihm wird doch nicht gefolget. Die
grosse Welt hat die Sonne zu ihren Leben und
Lichte: nachdem dieses Feuer gegenwärtig oder
abwesend ist/ blühen oder verdorren alle Dinge in der Welt. Wir wissen aus der Erfahrung
und zwar an unsern eigenē Leibern/daß so lange
das Leben währet/ eine stetswährende/ Co-
ction, oder Kochung in uns sey. Dieses macht
uns schwitzen/ und stets auch die Schweißlö-
cher ausdünsten/ und so wir unsere Hände auf

D                              un-

unsere Haut legen / können wir unsere eigene
Hitze fühlen / welche nothwendig von einem
verschlossenen Feuer oder Licht kommt. Alle
Vegetabilien wachsam und nehmen von sich
selbst zu / sie treiben ihre Früchte und Bluhmen
hervor / welches nicht geschehen könte/ wo nicht
eine Hitze die materie auff weckete und verän-
derte: wir sehen ferner/daß in den Vegetabili-
en dieses Licht zuweilen sich dem Auge zeiget /
wie man es am faulen Holtze sehen / darinnen
Stern-Feuer nach Mitternacht scheinet. Was
die Mineralien anlanget / so wird ihre erste
Materie durch diesen feurigen Geist coaguli-
ret und aus einer complexion in die andere
verwandelt. Dahin ich noch dieses setzen könte/
welches wahrhafftig ist / zu mehrern Beweiß;
wenn die Mineralischen Principia künstlicher
weise getrennet werden / daß ihr Feuer und
Geist könne in der Freyheit seyn / so kan man
auch die Metallen Vegetalisch (das ist von sich
selbst wachsend ) nennen. Dieses Feuer oder
Licht ist nirgendswo in solcher Menge und Reinigkeit zu finden/als in der materie/welche die
Araber Halicali nennen von Hali das Höch-
ste/und Calop gut / aber die Lateiner schreiben
es unrecht Sal Alkali. Dieses Wesen ist der
allgemeine Behalter der Geister; es ist gesegnet/
und

...d mit Licht von oben herab erfüllet / und
...ird deswegen von den Magis genennet Do-
...us signata, plena Luminis & Divini-
...tis. (Ein versiegeltes Haus voll Lichts /
...nd Göttlichen Wesens).

Aber damit wir in Erklärung unserer fi-
...ur fortfahren; Nicht ferne von dieser Lam-
...e könnet ihr den Engel und Geist des Ortes
...hen. In einer Hand träget er ein Schwerdt/
...e Zäncker und und Unwürdigen abzuhalten:
... der andern ein Kläuel Zwirn/die Demüthi-
...en und unschädlichen damit zu führen. Unter
...m Altar liegt der grüne Drach oder der Mer-
...urius der Magorum, welcher sich in einen
...Schatz von Gold und Perlé herüm gewunden.
...ieses ist kein Traum oder Phantasie/sondern
...ne bekante/erweißliche und wesentliche Wahr-
...it. Der Schatz ist daselbst sehr reich und
...ürcklich anzutreffen. Doch müssen wir be-
...nnen/daß er durch die Kunst und Magie des
...llmächtigen GOttes selbst gleichsam bezau-
...rt sey. Er kan nicht gesehen noch betastet
...erden; aber das Cabinet, darinnen er ver-
...ahret wird/ist alle Tage unter unsern Füssen.
...uff diesem Schatz sitzt ein kleines Kind/ mit
...eser Uberschrifft: Non nisi parvulis. (das
...Niemand als den kleinen) Diese Uber-

D 2                    schrifft

schrifft saget uns / wie die jenige müssen beschaffen seyn / welche zu diesen Schatz wollen zu-
gelassen werden. Sie müssen einfältig und
sehr demüthig seyn / nicht unverschämte hof-
färtige Prahler / auch nicht begierige unbarm-
hertzige Geitzhälse. Sie müssen freundlich
und nicht zänckisch seyn: Sie müssen die Wahrheit lieben / und ( nach der gemeinen Redens-
Art )wie Kinder und Narren die Wahrheit sagen. Kürtzlich davon zu reden / sie müssen seyn/
wie unser Heiland selber gesagt : Wie eines
dieser kleinen Kinder.

Dieser ist der Inhalt der Magischen figur,
welche mir Thalia gab in der mineralischen
Region. Mehrers kan ich nicht davon sa-
gen/weil mir nicht mehr zu offenbahren befohlen
worden. Nun wil ich fortfahren / und einige
andere Geheimnüsse entdecken/ welche ich von
ihr empfangen/ und zwar solche/ die insgemein
am meisten gesuchet werden.Der Grund alles
dieser Geheimnüsse ist die sichtbahre begreiffliche
Qvinteßentz oder die zuerst erschaffene Ein-
heit/ aus welcher die gevierdte Zahl der Natur
ihren Ursprung hat. Ich wil von ihnen reden
nicht in einem künstlich versteckten Discurs,
sondern in ihrer eigenen natürlichen/ harmo-
nischen Ordnung und zwar zu allererst von der
ersten materie. Die

## Die erste Materie.

WEnn ich das Gebäude dieser Welt erst-
lich betrachte / finde ich / daß selbiges
gleichsam eine Kette sey/welche ausgebreitet
ist à non gradu ad non gradum, von dem
jenigen/ welches dem Menschen unbegreifflich
ist wegen seiner Tieffe zu dem / das über allen
Verstand ist. Das jenige/welches tieffer ist
als alle unsere Sinne begreiffen können/ ist eine
gewisse/ schreckliche/ unaussprechliche Finsternüß. Die Magi nennen sie Tenebræ Acti-
væ (die würckende Finsternüß) und ihre Würckung in der Natur ist Kälte. Denn die Finsternüß ist vultus Frigoris, die Versamm-
lung/ massa/und Ursprung aller Kälte; gleich-
wie das Licht / der Anfang und Brunnen der
Hitze ist. Das jenige/welches über alle Kräffte unsers Verstandes ist/ist ein unendliches Feuer oder Licht / dazu niemand kommen kan.
Dionysius nennet es Caligo Divina, weil
es unsichtbahr und unbegreifflich ist. Die
Jüden nennen es אין Ein, das ist nichts: aber
in sensu relativo, oder wie man es in den
Schulen heisset/ Qvoad nos, (das ist: in Ansehung unsers Verstandes.) Mit klaren Worten zusagen: es ist Deitas nuda sine indu-
mento. ( die blosse Gottheit ohne Decke) das

D 3                                    mitt-

mittlere Wesen / oder die Kette zwischen beyden / ist das jenige / welches wir insgemein die
Natur heissen. Diese ist die Leiter des grossen
Chaldæers / welche von der unterirdischen
Finsterniß biß an das übernatürliche Feuer
reichet. Diese mittlere Natur ist aus einem
gewissen Wasser entstanden / welches der Saame oder die erste materie der grossen Welt
war / welches wir nun zu beschreiben anfangen
wollen / wer es fassen kan / der fasse es.

Es ist deutlich davon zu reden Χυτον κα)
ρυτον ὕδωρ ( ein flüssiges Wasser ) oder vielmehr
η τις Ύη Χυτή DAS ist γαῖα Χυματωδης κα) τόνεῖοδη της
γῆς : eine überaus weiche / feuchte / güssige und
fliessende Erde : eine wächserne Erde / welche
geschickt ist / alle Gestalte und eingedrückte Bild-
nüsse anzunehmen. Es ist ὑδρώμενος γηεγυνθος,
der Sohn der Erde vermischt mit Wasser: und
wenn man recht reden wil wie es die Natur des
Dinges erfordert γεωμιγης, κα) γῆ γαμης [ mit
der Erde vermischt und verbunden ] der Ge-
lehrte Archichymides beschreibet es / das sey
Θεῖον ἀργυριον ζωϊκόν, ἕνωσις τῶν πνευμάτων , ἐν
πράγμα. Das ist eine Göttliche / lebendige
massa dem Silber gleich / die Vereinigung des
Männliche und Weiblichen Geistes: die Qvin-
tessentz von Viere / die drey Zahl (Ternarius)
von zween / und die gevierdte Zahl / von Einem:

Diese

diese ist ihre natürliche und übernatürliche
Geburt. Das Ding selbst ist eine ungebilde-
te Welt/keine blosse Krafft/ auch keine vollen-
kommen-würckende Sache/ sondern ein schwaches jungfräuliches Wesen / eine weiche/
fruchtbare Venus, die Liebe und der Saame selbst / die Vermischung und Feuchtigkeit
des Himmels und der Erden. Diese Feuchtigkeit ist die Mutter aller Dinge in dieser
Welt/ und das männliche sulphurische Feuer
ist der Vater.

Nun sagen uns die Juden/welche ohne Streit
die weiseste Nation war / wann sie von Zeugung der metallen reden / es geschehe dieselbe
folgender Gestalt. Der Mercurius oder die
mineralische Feuchtigkeit sey gantz und gar
kalt und leidend / und liege in gewissen
unterirdischen Hölen : wenn aber die
Sonne auffgehet / fallen ihre Strahlen und
Hitze auff diese halbe Weltkugel/ und erwecken
und stärcken die innerliche Hitze der Erde.
Also sehen wir zu Winterzeiten/ daß die äusserliche Hitze der Sonne die innerliche natürliche
Wärme unserer Leiber erwecke/ und das Blut
verdicke/ wenn es fast kalt und erfrohren ist. So
würckt nun die Centralische Hitze der Erde/
wenn sie auffgewecket / und ihr geholffen wird

von

von der auswendigen Hitze der Sonne / in den
Mercurium, und sublimirt ihn / in Gestalt
eines subtilen Dampffs / biß zu oberst in seiner
Hölen. Aber gegen die Nacht / wenn die
Sonne untergehet / wird die Hitze der Erde
schwach / wegen Abwesenheit dieses grossen
Lichts / und die Kälte nimmt überhand / also
daß die vormals sublimirte Dünste des Mercurii nun wieder dicke werden / und tropffen-
weise auff den Boden der Höle hernieder fallen. Wenn aber die Nacht vorbey ist / kommt
die Sonne wieder herfür / und sublimirt die
Feuchtigkeit auffs neue. Diese Sublimation
und Condensation währet so lange / biß der
Mercurius die subtile schwefelichte Theile
der Erden in sich nimmt / und sich damit incor-
poriret / also daß dieser Schwefel den Mercurium coagulirt / und ihn zu letzt so figirt /
daß er nicht mehr sublimiren will / sondern immerfort in einem schweren Klumpen liegen
bleibt / und zu einem vollenkommenen Metall
ausgekochet wird. So vernimm denn / daß
unser Mercurius ohne unsern Schwefel nicht
könne coagulirt werden : Denn der Drache
stirbt nicht ohne seinen Gesellen: Das Wasser
löset die Erde auff und putrificirt sie / und die
Erde verdicket und putrificirt das Wasser.

Dero-

Derowegen müſſet ihr zwey Principia neh=
men/um ein drittes Weſen hervor zu bringen/
nach dem dunckeln Proces des Arabers Hali.
Nimm den Coraſceniſchen Hund / und
die Armeniſche Hündin / dieſelbe werden
dir einen jungen himmelblauen Hund gebehren.    Dieſer himmelblaue junge Hund
iſt der allgemeine/ wunderbahre und berühmte
Mercurius, welcher unter dem Nahmen des
Mercurii Philoſophorum bekannt iſt. Nun
rathe ich dir meines Theils / daß du zweene
lebendige Mercurios nehmeſt / dieſelbe in einen gereinigten mineraliſchen Saturnum
pflantzeſt/ ſo wirſt du ſehen/daß der Spruch des
Adepti wahr ſey : Eine Mutter wird eine
herfürſchoſſende Blume gebehren / welche
ſie mit ihrer ſchleimigten zähen Bruſt er-
nähren wird/und ſich ihr gantz zur Speiſe
geben/ da ſie immittelſt der Vater hägen
und wärmen wird.    Aber mit dem Pro-
ceſs habe ich vor dieſesmahl nichts zu ſchaffen/
will derowegen wieder auff die erſte Materie
kommen/ und dir ſagen/daß ſelbige von keinerley Art Waſſer ſey. Leſer/wo du zur Wahrheit
kommen wilt/ hab acht auff meine Worte; denn
ich will dir die Wahrheit ſagen/ich bin kein Betrieger. Die Mutter oder erſte Materie der

Me-

Metallen ist ein gewisses wässeriges Wesen/
kein blosses Wasser/auch keine blosse Erde/son-
dern ein drittes Ding / welches von beyden zusammen gesetzt ist/und doch keines von beyden
seine Natur behält. Hiemit kommt der ge-
lehrte Valentinus überein/ in seiner geschick-
ten und warhafftigen Beschreibung unsers
Saamens. Die erste Materie ( sagt er)
ist ein wässeriges Wesen/ welches trucken
gefunden wird / oder die Hände nicht naß
machet/ und keinem Dinge kan verglichen
werden. Ein anderer trefflicher erfahrner
Philosophus beschreibet ihn also : Er ist ein
irrdisches Wasser/ und eine wässerige Er-
de/vermischt mit der Erde / im Bauch der
Erden/und der Geist und die Einflüsse des
Himmels vermischen sich damit. Man
kan zwar nicht läugnen/daß einige Autores,
dieses Wesen mit allen Nahmen der ordinairen Wasser benennet haben / nicht zwar den
Einfältigen zu betriegen / sondern es vor dem
thörichten/unsinnigen Hauffen zu verbergen.
Hingegen haben uns einige klar und treulich
unterrichtet/es sey kein gemeines Wasser/ und
sonderlich die Ehrnwürdige Turba. Die
Unverständige/ (sagte Agadmon) wenn
sie den Nahmen Wasser hören/meynen es
sey

ey Waſſer uns den Wolcken / ſo ſie aber
unſere Bücher verſtünden / würden ſie
wiſſen/daß es ein fixes Waſſer ſey / welches ohne ſeinen Schwefel/ damit es vereiniget iſt/nicht fix und bleibend ſeyn kan.
Der edle und verſtändige Sendivogius ſaget
uns eben dieſes: Unſer Waſſer iſt ein
himmliſches Waſſer/ welches die Hände
nicht netzet / nicht das gemeine Waſſer/
ſondern bey nahe wie Regenwaſſer. So
müſſen wir nun die unterſchiedliche Gleichhei-
heiten der Dinge betrachten/ oder wir werden
immer geſchickt ſeyn/die Philoſophos zu ver-
ſtehen.Dieſes Waſſer nun befeuchtet die Hände
nicht/welches ein gnugſames Kennzeichen iſt/
uns einzubilden/daß es kein gemeines Waſſer
ſey. Es iſt eine metalliſche / bittere/ geſaltzene
Feuchtigkeit. Es hat eine warhafftige mine-
raliſche Natur. Es hat (ſagt Raymundus
Lullius) die Geſtalt der Sonnen und des
Monds/und in ſolchem Waſſer iſt dieſelbe
uns erſchienen/nicht in Brunnen-oder Re-
gen-Waſſer. Aber an einem andern Ort beſchreibet ers völliger.Es iſt ein trucknes Waſſer (ſagt er) nicht Wolcken-Waſſer / ſoder
ein phlegmatiſches Waſſer/ ſondern ein
Choleriſches Waſſer/hitziger als Feuer.
Wei-

Weiter ist es grün anzusehen/und so saget auch
derselbe Lullius : **Es hat die Farbe eines**
grünen Eydexen. Aber die vornehmste Farbe in selbigem ist ein gewisses ungemeines La-
surblau/gleich dem Himmel/wenns klar ist. Es
siehet in Warheit dem Bauch einer Schlange
gleich/sonderlich nahe bey dem Nacken / alswo
die Schuppen eine tieffe blaue Farbe haben/
und um dieser Ursach willen haben es die Philosophi ihre Schlange und ihren Drachen
genennet. Das vornehmste herrschende Element in demselben ist eine gewisse/feurige subtile Erde / und von diesem vornehmsten besten
Theile nennen die Philosophi das gantze
Compositum. Paracelsus nennet es öffentlich an einem Ort / und heisset es den Schleim
der Erde. Raymundus Lullius beschreibet
dessen Zustand in diesen Worten : Das Wesen unsers Steines ist gantz fett und schlei-
mig/und voller Feuer. In Ansehung dessen nennet ers an einem andern Ort nicht Was-
ser/sondern Erde. Nimm (sagt Er) unsere
Erde/welche von der Sonnen schwanger
ist; Denn sie ist der köstliche Stein/welcher
in wüsten Plätzen zu finden ist/und ist darinnen ein grosses Geheimniß/ und gleichsahm ein bezauberter Schatz verschlossen

Und wiederum ander zwo erkläret er sich folgender massen.   Mein Sohn/die erste Materie ist eine subtile/schwefelichte Erde/und
diese köstliche Erde wird genennet das
mercurialische Wesen.   So wisse nun ge-
wiß/daß dieser schleimigte feuchte Saame oder
Erde müsse zu einem Wasser gemacht werden
durch die Aufflösung/und dieses ist das Philosophische Wasser/und mit nichten einiges gemeines Wasser.   Dieses ist das grosse Geheimniß der Kunst / und Lullius hat es mit
grosser Aufrichtigkeit und Liebe kund gemacht.
Unser Mercurius, (sagt er) ist kein gemeines Qveckfilber : Ja unser Mercurius ist
ein Wasser einer gantz andern Natur/welch-
ch.s auff Erden nicht kan gefunden wer-
den/ weil es nicht kan in die Würckung
kommen/ohne Hülffe des Verstandes/und
der Hände Arbeit.   So suchet den das jenige nicht in der Natur/ welches über derselben
ordentliche Kräffte ist: ihr müst ihr helffen/daß
sie mehr als sonst ordinarie thun könne / oder
es wird alles vergeblich seyn. Mit einem Wort/
ihr müsset dieses Wasser erstmachen/ehe ihr es
finden könnet. Unterdessen müsset ihr die Phi-
losophos ihre Materie oder Chaos ein Wasser nennen lassen / weil es keinen eigenen Nahmen,

men hat/man möchte es deñ einen Saamē nen-
nen/ welcher ein wässeriges Wesen ist/ aber in
Warheit kein Wasser. Last es euch genug seyn/
daß ihr nicht betrogen werdet: denn sie sagen
euch/was es ist/und was es nicht ist/welches alles ist/ was ein Mensch thun kan. Wenn ich
euch frage/mit was Nahmen ihr den Saamen
eines Hühnleins nennet/werdet ihr sagen/es sey
das weisse vom Ey; und ist doch die Schale so
wol etwas weisses/als der Saame/welcher darinnen ist.    Aber wo ihr es Erde oder Wasser
nennen wollt / wisset ihr gar wol/daß es keines
von beyden sey / und könnet doch keinen dritten
Nahmen finden. So richtet denn/wie ihr selbst
wollt gerichtet seyn/ denn die Philosophi sind
in eben dem Zustande. Ihr müsset gewißlich
gar irraisonabel seyn/ wo ihr eine Rede von
den Menschen verlanget/welche ihnen GOtt
nicht gegeben hat.    Daß wir aber nun auch
diese unsere Theorie und Discurs von dem
Saamen erweisen mögen/ nicht allein durch
die Erfahrung/sondern auch durch vernünffti-
ge Gründe/ist es nöthig/daß wir die Beschaf-
fenheit und Temperament des Saamens
betrachten / so ist selbiger denn eine schleimig-
te/schlipfferichte/flüssige Feuchtigkeit. Wenn
wir aber die hervorgebrachte vollenkommene
                                    Dinge

Dinge ansehen / sind selbige fest zusammen ge-
fügte / gebildete Cörper: und daher folget es / daß
sie aus etwas müssen gemacht seyn / welches
nicht so feste / nicht hart-vereiniget und unge-
bildet / sondern ein schwaches / weiches / verän-
derliches Wesen sey. Ohne Zweiffel muß der
Saame ein solches Ding seyn / wo wir nicht den-
ken wollen / daß der Saame eben so geartet sey
wie der Cörper / der daraus herfür kömmet:
und daher müste folgen / daß die Hervorbringung und Zeugung der Dinge keine Veränderung wäre. Hingegen ist aller Welt bekant /
daß nichts so geschickt sey allerhand Würekung
anzunehmen als die Feuchtigkeit. Die geringe-
ste Hitze verändert das Wasser in einen
Dampff / und die geringste Kälte macht solchen
wieder zu Wasser. So last uns nun beden-
ken / was vor ein Grad der Hitze in der Zeugung der Dinge würcke; denn aus der Natur
dessen / das da würcket / kan man in etwas die
Natur dessen / so da leidet / erkennen. Wir
wissen / daß die Sonne so ferne von uns ist /
daß ihre Hitze [ wie uns die tägliche Erfahrung
lehret ] gar schwach und gelind ist. So möchte ich denn wissen / was vor ein Wesen in der
gantzen Natur sey / das durch so eine schwache
Hitze könne verwandelt werden / als die Feuch-
                                    tigkeit

tigkeit? gewißlich keines. Denn alle harte
Cörper als Saltz/ Steine/ und Metallen behalten ihre Art in dem allerhefftigsten Feuer.
Wie können wir denn hoffen/ daß sie durch eine
gelinde Wärme/ und welche kaum zu spühren
ist/ solten verwandelt werden? Derowegen ist
es klar und durch den Schluß/ von proportion, und macht des würckenden Wesens/ un-
fehlbahr/ daß die Feuchtigkeit das leidende
Theil sey. Denn der Grad der Hitze welchen
die Natur in Zeugung der Dinge brauchet/ ist
so schwach und gelinde/ daß sie unmöglich ein
Ding/ als welches feucht und wässerig ist/ verwandeln könte. Die Wahrheit dessen ist klähr-
lich an den Thieren zu sehen/ in welchen der
Saame feucht ist/ wie wir alle wissen. Zwar
in den vegetabilien ist er Trucken; aber die
Natur bringet doch nichts daraus hervor/ es
sey denn erst mit Wasser angefeuchtet und er-
weichet. Und hier ist es gar aus mit dir/ mein
Peripatetice, und mit deiner pura poten-
tia einem Gedichte des Sohnes Nicomachi.
Ich muß euch aber/ meiner Chymici rathen/
hütet euch vor aller gemeinen Feuchtigkeit/ deñ
daraus wird nichts als ein Dampff. Sehet
derowegen zu/ daß eure Feuchtigkeit wol mit
Erde temperiret sey/ sonst habt ihr nichts auff

zulö-

ilösen / auch nichts zu coaguliren. Geden-
ket der Verrichtung und Magie des Allmäch-
igen GOttes in der Schöpffung / wie Moses
agt : Im Anfang schuff GOtt Himmel und
Erden. Aber in dem Grund-Text / so man
hn vernünfftig und wahrhafftig erklähret /
lautet es also : Im anfang hat GOtt das
Subtile und das Dicke vermischt : denn
Himmel und Erde bedeutet in diesem Text (wie
ich euch in meiner Anima Magica berichtet )
den jungfräulichen Mercurium , und den
ungfräulichen Schwefel. Dieses wil ich mit
dem Text selber beweisen / und zwar mit der gemeinen Version, welche also lautet : Im An-
"fang schuff GOtt Himmel und Erden / und
"die Erde war wüst und leer / und es war fin-
"sternüß auff der Tieffe / und der Geist Gottes
"schwebete auff dem Wasser. In dem ersten
Stück dieses Textes gedencket Moses zweyer
erschaffenen Principien / nicht einer vollenkommenen Welt / wie ich hernachmahls erweisen will / und dieses thut er mit dem general-
Nahmen Himmel und Erde. In dem letzten
Stück desselben beschreibet er ein jedes insonderheit mit eigentlichern Nahmen / und zwar
fänget er von der Erde an. Und die Erde (sagt
er) war ohne Form (wüste) und leer, Daher

E

schliesse

schlieſſe ich / daß die Erde / davon er redet/das
bloſſe Principium dieſer Erde geweſen ſey/
welche wir nun ſehen ; Denn dieſe gegenwär-
tige Erde iſt weder leer noch ohne Form.   So
mache ich denn nun dieſen Schluß daß/die Mo-
ſaiſche Erde ſey der jungfräuliche Schwefel/
welcher eine Erde ohne Form iſt / denn er hat
keine gewiſſe Geſtalt.  Er iſt ein ungebunde-
nes/unbeſtändiges/nicht feſt vereinigtes Weſen /  einer löcherichten leeren Art /  wie ein
Schwamm oder Ruß.   Mit einem Wort zu
ſagen/ich habe ſolches geſehen; aber es iſt unmüglich zu beſchreiben.   Hiernächſt fähret er
fort zu der Beſchreibung ſeines Himmels/oder
des andern Principii in dieſen folgenden
"Worten :  Und es war finſter auff der Tieffe
"und der Geiſt GOttes ſchwebete auff dem
"Waſſer. Hier nennet er das/Tieffe und Waſ-
ſer/was er zuvor einen Himmel genennet hat.
Es war in Warheit die himmliſche Feuchtigkeit oder Waſſer des Chaos, aus welchem hernach der abgeſonderte Himmel / oder der Ort
der Sterne gemacht worden. Dieſes iſt offenbahr aus der Grundſprache: Denn חםם Ha-
majim und חםשם Haſchamajim ſind einerley Worte/wie Waſſer und allda Waſſer/
und bedeuten ein einiges Weſen/nemlich Waſſer.

ser. So findet sich nun im Text/ der anfängli-
chen natürlichen Warheit/ und der ungezwei-
felten Meynung des Autors gemäß/also: Jm
Anfang oder (nach dem Targum Jerusalem) Jn der Weißheit machte GOtt das „
Wasser und die Erde: Und die Erde war „
wüste (ohne Form) und leer/und es war Fin- „
sterniß auff der Tiefe/ und der Geist GOt- „
tes schwebete auff dem Wasser. Mercket hier/ „
daß GOtt zwey Principia erschaffen/ Erde
und Wasser/ und aus diesem Beyden den
Saamen oder Chaos als ein drittes Wesen
zusammen gesetzet.    Auff dem Wasser oder
dem feuchten Theile dieses Saamens schwebete der Geist Gottes/ und (spricht die Schrifft)
es war Finsterniß auff der Tieffe. Dieses ist „
ein sehr grosses Geheimniß/und ist es nicht zu-
gelassen/es klärlich/ und wie es die Natur der
Sache erfordert/an den Tag zu geben; aber
in dem magischen Werck kan solches gesehen
werden/und ich bin dessen Zeuge/daß ich es mit
meinen Augen gesehen.

   Zum Beschluß erinnert euch/ daß unsere
Materie kein gemeines Wasser sey/ sondern
eine dicke/schleimichte/fette Erde. Diese Erde muß durch die Auflösung zu einem Wasser/
und das Wasser durch die Coagulation wie-

der zu einer Erde gemacht werden. Dieses
geschicht durch ein gewisses/natürliches/ wür-
ckendes Wesen / welches die Philosophi ihr
geheimes Feuer nennen : Denn wo ihr mit
gemeinem Feuer arbeitet / wird solches euren
Saamen austrucknen/ und zu einem unnützen
rothen Staube machen/ von Farbe wie wilde
Mahnblumen. So ist nun ihr Feuer der
Schlüssel ihrer Kunst / denn es ist ein natürlich
Agens, würcket aber natürlicher Weise nicht
ohne die Sonne. Ich muß bekennen/ es ist
ein verborgenes Geheimniß / wir aber wollen
es klar machen / wo ihr nicht gar zu stumpff
und dumm seyd. Es erfordert in Warheit
einen geschwinden/erleuchteten Verstand/und
derowegen/ihr Leser/pußet eure Lichter.

## Das Philosophische Feuer.

DAs Feuer ist(ungeachtet seiner verschiede-
nen Art in den Elementen unter dem
Monde/und in der Küchen/) nur ein einiges
Wesen / von einer Wurtzel. Seine Würckungen sind mancherley/ nachdem es weit oder
nahe ist/oder nach der Natur des Dinges/dar-
innen es sich auffhält / denn hiedurch wird es
entweder lebendig=machend/ oder gewaltsam
und zerstörend. Es ruhet in den meisten Din-
gen/

gen/als zum Exempel in Feuersteinen/dar-
innen es sich gar stille und unsichtbahrer Weise
aufhält. Es ist gleich einer verlohrnen Schild-
wach: es liegt verschloffen wie eine Spinne
in ihrem Gewebe/ alles zu rauben/ was in sein
Garn kömmet. Es erscheinet nimmer
ohne einer Beute in seinen Klauen/ wo es etwas verbrennliches antrifft/ da offenbahret es
sich selbst. Denn wo wir eigentlich reden wol-
len/wird es nicht gezeuget. Etliche meynen/
es zeuge nichts/sondern verzehre alles/ nennen
es derowegen Ignis, gleichsam als Ingignens,
(das da nichts zeuget.) Aber dieses ist eine
Phantasie der Grammaticorum: denn es
ist nichts in der Welt/das ohne Feuer gezeuget
werde. Was ist denn Aristoteles vor ein feiner Philosophus, der da saget/dieses Agens
zeuge nichts/als seine Pyraustam, eine gewisse Fliege/ welche er in seinem Lichte gefunden/
hernach aber von niemand weiter ist gesehen
worden?

Wahr ists/ allzu viele Hitze zerstöret/und
verbrennet; Aber so wir auch zu andern Naturen gehen/ so ertränckt das allzuviele Wasser/
und allzuviel Erde begräbt und ersticket den
Saamen/daß er nicht auffkommen kan; Und
auff diese Weise zeuget kein Ding auff der Welt

E 3                          etwas

etwas. Was war er denn vor ein Eulenkopff/
daß er mit aller seiner Logic nicht konte einen
Unterschied machen unter der gar zu vielen und
mittelmäſſigen/ unter der zerſtöhrenden / und
lebendigmachende Hitze ; ſondern machte ei=
nen Schluß / das Feuer könne nichts hervor
bringen / weil es einige Dinge verzehrete ?
Aber laſt den Mauleſel fahren / ( denn
ſo hat ihn Plato genennet ) und wei=
ter gehen zu unſern geheimen Feuer.
Dieſes iſt bey der Wurtzel / und um die Wur=
tzel [ ich verſtehe das Centrum ] aller Dinge/
beydes der ſichtbahren und unſichtbahren.
Es iſt im Waſſer / Erde / Lufft ; Es iſt in Mi-
neralien/Kräutern und Thieren; Es iſt in den
Menſchen / Sternen/ Engeln; urſprünglich
aber iſts in GOtt ſelber : denn Er iſt der
Brunn der Hitze und des Feuers / und von
Ihm flieſſet es auff die andere Creaturen/gleich=
ſahm in einen Strohm oder Sonnen=Schein.
Nun geben uns die Magi nur zwo Benennun=
gen / dabey man ihr Feuer erkennen könne: es
iſt / wie ſie es beſchreiben/ feucht und unſicht=
bahr. Daher haben ſie es genennet Venter
Eqvi, ( ein Pferde=Bauch ) und fimus eqvi=
nus ; (Pferde=Miſt) aber nur Gleichnüß wei=
ſe : Pferdemiſt eine feuchte Hitze / aber kein
ſicht=

ſichtbahres Feuer. So laſſet uns nun das gemeine Feuer mit unſerm Philoſophiſchen
vergleichen / daß wir Sehen mögen / worin-
nen ſie unterſchieden ſeyn. Zum erſten iſt das
Philoſophiſche Feuer feucht / und in Wahrheit / das Küchen-Feuer auch. Wir ſehen/daß
ſich die Flammen von ſich ſebſt ausbreiten und
zuſammen ziehen/ bald ſind ſie kurtz / bald ſind
ſie lang/welches ohne Feuchtigkeit / die Flüſſig-
keit / und Einigkeit der Theile bey zu behalten/
nicht geſchehen könte. Ich weiß wol/daß Ari-
ſtoteles das Feuer ſchlechthin trucken erkläret / vielleicht / weil ſeine Würckungen
trucken ſind ; er hat aber gewißlich nicht betrachtet / daß in allen Complexionen nach
andere Qvalitäten ſeyn / ohne die vornehmſte
und herrſchende. So iſt denn dieſe truckene
Materie etwa ſein Element, da er ſeine Py-
rauſtam gefunden hat; aber wo unſer natürliches Feuer ſchlechthin trucken wäre / würden ſich deſſen Flammen nicht ausbreiten können / wie ſie thun / ſondern wie Staub zerfal-
len/oder wie deſſen Nahrung zu Aſche werden.
Aber daß ich wieder auff meinen vorigen Di-
ſcurs komme / ſage ich / das gemeine Feuer ſey
über die maaſſen Heiß; aber üm ein groß Theil
E 4 weni-

weniger feucht / und daher zerstöhrend und
verzehrend / weil es anderer Dinge Feuchtigkeit Raubet. Hingegen ist die Wärme und
Feuchtigkeit in dem Magischen wirckenden
Wesen gleich / die eine temperiret und ver-
gnüget die andere: Es ist ein feuchtes warmes
Feuer / oder wie wir es gemeiniglich nennen /
warm wie ein Blut. Dieser ist der erste und gröste Unterschied unter ihnen / in Ansehung unsers
verlangten effects ; nun wöllen wir auch den
andern besehen. Das gemeine Küchen-Feuer
[ wie wir alle wissen ] ist sichtbahr ; aber das
Philosophische Feuer ist unsichtbahr / und deßwegen kein gemeines Feuer. Dieses sagt AL-
madir deutlich in diesen Worten: Solos
radios invisibiles ignis nostri sufficere
" Unser Werck [ saget er ] kan durch nichts an-
" ders verfertiget werden / als durch die unsicht-
" bahre Strahlen unsers Feuers. Und aber-
" mahl : Unser Feuer ist ein Corrosivische
" Feuer / welches unser Glaß oder Gefäß mi
" einer Wolcken überzeucht / in welcher Wolck
" die Strahlen dieses Feuers verborgen sind
Daß ichs kurtz mache / so nennen die Philosophi selbiges ihr Bad / weil es feuchte ist / wi
die Bäder pflegen ; aber doch die Wahrheit zu
sagen / es ist weder ein Balneum Maris
nec

noch ein Balneum Roris, sondern ein sub-
tiles und bloß natürliches Feuer / aber seine
Auffweckung geschiehet durch die Kunst. Diese
Auffweckung oder præparation [ wie ich euch
in meinem Coelo Terræ gesaget habe] ist eine sehr gemeine / schlechte / lächerliche Sache. Dennoch liegen darinnen alle Geheimnüsse
der Hervorbringung oder Zeugung / und der
Zerstörung oder Verderbung aller Dinge verborgen. Letzlich erachte ich es billig/ dich zu
berichten / daß viele Autores dieses Feuer
falsch beschrieben haben / und das mit Vorsatz
den Leser zu betriegen. Ich vor mein Theil
habe nichts weder dazu noch davon gethan / du
hast allhier das wahre gantze Geheimnüß / darinnen alle Morgen-Ländische Weisen über-
ein kommen: Alfid, Almadir, Belen, Gieberim, Hali, Salmanazar und Zadich,
mit den dreyen berühmten Jüden Abraham,
Artefius und Kalid. Wo du es vor dieses
mahl noch nicht begreiffest / kan ich dir nicht
mehr helffen: denn ich darff dir nicht mehr davon sagen / nur darff ich dich lehren/ wie du es
gebrauchen solt.

Nimm unsere zweene Schlangen/ welche
allenthalben auff dem Erdboden zu finden sind.
Sie sind ein lebendiges Männlein und ein le-
benn

E 5

bendiges Weiblein. Verbinde sie beyde mit einem Band der Liebe / und verschlieſſe sie in der Arabiſchen CARAHA. Dieſe iſt deine erſte Arbeit; aber die nächſt=folgende iſt ſchwe= rer. Du muſt mit dem Feuer der Natur wie= der ſie zu Felde gehen und zuſehen/daß du dein Linie rund um ſie herzieheſt. Umringe ſie/unn verwahre alle Zugänge wol/daß ſie keine Hülf= fe kriegen. Halte mit dieſer Belägerung ge= dultig an/ ſo werden ſie ſich in eine ſcheußliche/ kohtige/ giftige ſchwartze Kröte verwandeln/ welche ſich in einen ſchrecklichen freſſenden Dra= chen verkehren wird/der auff dem Boden ſeiner Höle kriechen und ſich weltzen wird / doch oh= ne Flügel. Berühre ſelbigen auff keinerley wei= ſe/nicht ſo viel / als nur mit der Hand/denn es iſt auff Erden kein ſo ſtarcker unglaublicher Gifft. Wie du angefangen haſt/ ſo fahre fort/ ſo wird dieſer Drache zu einem Schwan werden/ aber viel weiſſer als der neu gefallene Schnee/ wel= cher noch nicht von der Erde beflecket iſt. Von dar will ich dir vergöñen dein Feuer zu vermeh= ren biß der Phœnix erſcheinet. Es iſt ſelbi= ger ein dunckel rother Vogel / mit einer glän= tzenden feurigen Farbe. Speiſe dieſen Vo= gel mit dem Feuer ſeines Vaters / und dem Æther ſeiner Mutter ; denñ das eine iſt ſeine

Speiſe/

Speise / und das andere sein Tranck / und ohne
diesem letzten erlanget er seine völlige Herrlich-
keit nicht. Verstehe dieses Geheimnüß wol ;
denn das Feuer nähret nicht wol / wo es nicht
erst selbst gespeiset wird. Es ist vor sich selbst
Cholerisch und trucken; aber eine bequeme
Feuchtigkeit temperiret solches / giebt ihm
eine Himmlische Complexion, und bringt
es zu der verlangten Erhöhung. So speise
denn deinen Vogel / wie ich dir gesagt habe / so
wird er sich in seinem Neste bewegen / und auffge-
hen / wie ein Stern am Himmel. Thue solches / so hast du die Natur in den Horizont der
Ewigkeit versetzet: So hast du verrichtet / was
der Cabalist befiehlet : Vereinige das Ende „
mit dem Anfang / wie die Flamme mit der Koh- „
le : denn Gott ist eine über alles erhaben / und „
niemand ist / der der nächste nach ihm seyn „
könne. So betrachtet denn / was ihr suchet: „
ihr suchet eine unauflößliche / wunderbahr- „
liche / verwandelnde / und vereinigende Ein- „
heit ; aber kein so fest verknüpfftes Band kan „
seyn ausser der ersten Einheit. Denn ein „
Ding erschaffen ( sagt ein gewisser Autor ) „
und wesentlich der Natur gemäß / oder ohne „
einige Gewaltsamkeit verändern / ist einig und
allein dessen eigenes Amt / welcher die erste
und

und vornehmste Macht/die erste und vornehmste Weißheit und Liebe ist. Ohne diese Liebe
werden sich die Elementa nimmer mit einander vermischen oder gleichsam sich verheyra-
then/ sie werden sich nimmermehr wesentlich
vereinigen/welches der Endzweck und Vol-
lenkommenheit der Magie ist. So bemühe
dich nun dieses recht zu verstehen / und wenn
du solches zu wege gebracht hast ; wil ich dir
den Ruhm geben/welcher in den Mekkubalim zu finden: du bist sehr weise und ver-
ständig gewesen / du hast deine Sachen in
den höchsten Grad ihrer Reinigkeit gebracht / und den Schöpffer auff seinen
Thron gesetzet.

Zum Beschluß dieses Theils sage ich/es sey
unmüglich / daß man etwas in dem leidenden
Wesen ( patiente ) könne zeugen und hervor
bringen/ohne ein lebendiges/ zeugendes / wür-
ckendes Wesen/ ( Agens. ) Dieses würckend
Wesen ( Agens ) ist das Philosophisch
Feuer/ eine gewisse/ feuchte / himmlische
unsichtbahre Hitze ; aber lasset uns den Ray-
mundum Lullium hören/welcher es folgender massen beschreibet. Wenn wir sage
( spricht er ) daß der Stein durchs Feue
gezeuget werde/ so sehen und gläuben s
fe

kein anderes Feuer / als das gemeine /
auch keinen andern Schwefel oder Mercurium, als die gemeinen. Derowegen
bleiben sie durch ihre blinde Meynungen
betrogen / und geben vor / wir seyn Ursa-
che daran / daß sie betregen werden / und
daß sie ein Ding vor das andere fälschlich
verstehen: Aber es ist / [ mit Vergünsti-
gung zu reden ] nicht wahr / wie wir mit
den Schrifften der Philosophorum erweisen wollen. Denn wir nennen die Sonne ein Feuer / und die natürliche Hitze ihren Substituten. Denn was die Son-
nen-Hitze in den Metall-Gruben in tausend Jahren thut / das thut die Hitze der
Natur / über der Erde / in einer Stunde.
Wir aber und viele andere Philosophi
nennen diese Hitze der Sonnen Kind / denn
sie ward zu erst natürlicher weise durch den
Einfluß der Sonnen gezeuget / ohne Hülffe
der Wissenschafft oder Kunst. Diese sind
Worte des Lullii. Eines aber muß ich dir /
mein Leser / noch sagen / doch nimm es wol
in acht. Diese gantz natürliche Hitze muß
in gehörigen Grad gebrauchet / und nicht gar
zu sehr gestärcket werden: denn die Sonne selber zeuget nichts / sondern verbrennet und
dürret

dürret aus / wo sie zu heiß ist. Wo du mit
gar zu grossen Feuer. arbeiten wirst ( sagt
derselbe Lullius ) wird sich die Eigenschafft
unsers Geistes / welche noch zwischen Leben und Tod im Mittel ist/von ihrem Leibe
absondern / und die Seele wiederum in
ihre Wohnung heimkehren. Derowegen
nim diesen / zwar kurtzen/doch heilsamen Rath
desselben Autoris, an. So mache/nun mein
Sohn / daß an dem Ort der Gebährung
oder Verwandelung / die Himmlische
Krafft also beschaffen sey/daß sie könne die
spermatische Feuchtigkeit von ihrer irr di-
schen Natur in eine sehr subtile und durch-
scheinende Gestalt verwandeln. Siehe
hier nun die Aufflösung der schleimichten / fet-
ten Erde / daß daraus ein durchsichtiger herr-
licher; Mercurius werde ! Dieser Mercurius ist das jenige Wässer / darnach wir so sehr
trachten / und durchaus kein gemeines Wasser. Nun ist nichts mehr übrig / als das jenige / was die Philosophi secretum artis
( das Geheimnüß der Kunst ) nennen : eine
Sache / die nimmer beschrieben ist / ohne welche ihr doch niemahls etwas ausrichten werdet/
ob ihr gleich beydes die materie und das Feuer
wisset;dessen habe wir ein Exempel an Flamell,
wel-

velcher die Materie gar wol wuſte / und das
Feuer nebſt dem Ofen hatte vorgemahlet von
Abraham dem Juden: deſſen aber ungeachtet
rey Jahr lang gefehlet hat/weil er dieſes dritte
Beheimniß nicht gewuſt. Heinrich Mada-
han ein vornehmer Philoſophus, hat in
er Materie fünff Jahr aneinander gearbeitet;
ber er hat die rechte Weiſe nicht gewuſt/ und
eßtwegen nichts gefunden: Zuletzt / ſagt er
ſach dem ſechſten Jahr / ward mir der
Machtſchlüſſel durch eine Offenbahrung
on dem Allmächtigen GOtt anvertrauet.

Dieſer Macht=ſchlüſſel / oder dieſes dritte
Beheimniß iſt nimmer zu Papier ge=
racht von einigen Philoſopho. Zwar hat
s Paracelſus berühret ; aber ſo dunckel/ daß
s eben ſo viel iſt/als hätte er nichts geſagt.Und
un meyne ich/daß genug von mir geſchrieben
ey zur Entdeckung und Regierung des Feu=
rs: wo ihr ſolches aber zu wenig achtet / ſo
age ich euch / es ſey mehr als einiger Autor
or mir geoffenbahret hat. So ſuche es denn;
eil der jenige / welcher dieſes Feuer findet/
uch das wahre Temperament treffen wird/
in vornehmer und geſchickter Philoſophus
verden wird/ und / daß ich in der Redens=Art
nſers Spaniers bleibe/ würdig ſeyn wird/ an
em Tiſch der zwölff Pairs zu ſitzen.

Der

## Der Perlen-Fluß.

DIeses ist ein Wesen/ aus andern zusam̃-
men gesetzten Wesen hinwiederum zusammen gesetzet / überaus schwer und feucht/
machet aber die Hände nicht naß. Es scheinet
zu Mitternacht wie ein Stern/ und erleuchtet
auch finstere Gemächer. Es ist voller Au-
gen/ den Perlen und Silber-blechen gleich. Es
ist der gantze Demogorgon, (das ist / die
gantze Magie) welcher aber nunmehr in seinen vollen Kräfften ist / durch Offenbahrung
seines eigenen innerlichen Lichts. Sein Vater ist eine gewisse unverderbliche Massa:
Denn ihre Theile sind so fest vereiniget / daß
ihr sie weder klein stossen / noch durchs Feuer
trennen könnet. Dieser ist der Stein der Weisen / welcher (wie ein gewisser Scribent sagt)
mit Finsterniß / Nebel / und Dunckelheit
umgeben ist. Er wohnet zu innwendigst
in der Erden/ und wenn er gebohren ist/
wird er mit einem grünen Mantel bekleidet / und mit einer gewissen Feuchtigkeit
besprenget. Er wird/ eigentlich davon zu
reden/ von keinem natürlichen Dinge hervor gebracht / sondern er ist ewig und ein
Vater aller Dinge. Diese Beschreibung

ist

ſt ſehr bequem und warhafftig / aber ſehr dun-
kel : Doch vergiß des grünen Mantels nicht/
dieſes iſt das Weſen/welches Gieberim Eben
Haen, oder wie man ihn insgemein nennet
Geber/benahmſet einen Stein / qui in Capi-
tulis notus : eine ſehr ſcharffſinnige Benen-
nung/ welche doch/ ſo ſie recht betrachtet wird/
ein Schlüſſel zu ſeinem ganzen Buch/und aller
Philoſophorum Schrifften insgemein iſt.
Daß wir aber wieder auff unſern Perlen-Fluß
kommen/ ſo laſſet uns zu unſerm fernern Be-
richt anhören / wie ihn ein trefflicher Ade-
ptus beſchreibet / und zwar in ſeiner ἐξανϑήσει
( Auffblühung ) ſelbſt/ehe der volle Mond erſcheinet. Hoc eſt opus ( ſaget er ) qvod mihi
aliqvando ob oculos pouit unicus Exe-
chediſtes, magnus qvippe fornaces, atqve vitro easdem vario redimitas o-
ſtendens. Vaſa erant ſingula, in ſuis
ſed ilibus habentia ſedimenta , atqve
interius diſpari dicatum , ſacrumque
Munus. Qvid veró rem tam divinam
celem diutius ? Erat intus circumacta
Moles qvædam , Mundi præ ſe ferens
imaginem ipſiſſimi. Qvippe ibi Ter-
ra videbatur in medio omnium conſi-
ſtens , aqvisqve circumfuſa limpidiſſi-
mis; in varios colles ſalebroſa, qve ru-

ᚠ

des

pes affurgebat, fructum ferens multipli-
cem, tanqvam humentis aëris imbribus
irrigua.  Vini etiam videbatur & olei,
& lactis atqve pretioforum omne genus
lapidum , & metallorum effe apprimè
ferax.  Tum Aqvæ ipfæ, inftar æqvo-
ris, fale qvodam pellucido , interdum
albo, interdum qvoqve rubeo & fulvo
& rubro, multisqve præterea variegato
coloribus inlitæ , inqve fuperficiem ipfam æftuabant. Igne autem hæc omnia
fuo, fed impercepto atqve æthereo mo-
vebantur.  Id verò unum præ cæteris
incredibilem me rapiebat in admiratio-
nem; Rem hanc tam multa unicam tam
diverfa, tamqve in fuo genere perfecta
fingula, parvo etiam imbecilliqve admi-
niculo producere : qvo facto paulatim
robuftiore, redirent tandem atqve coa-
lefcerent in unum omnia, confidenter
affeverabat.  Hic eqvidem obfervavi
fufilisillam falis fpeciem , nihil ab A-
phrolitho degenerantem, atqve argen-
tum illud vivum, cui Mercurii nomen
ab hujusce diciplinæ prifcis autoribus
inditu m eft, illam ipfam referens Lulli-
anam Lunariam ,  adverfa fcandens a-
qva,

jva, noctuqve relucens, atque interdiu
glutinandi præditum facultate.     Allhier
haben wir vor uns den Abriß des gantzen Philosophischen Laboratorii, des Ofens/ Feu-
rs/ und der materie mit ihren geheimen Ge-
wächsen.  Weil aber die Nahmen schwer sind/
und von niemand können verstanden werden/
er die Sachen selbst nicht gesehen hat/ wil ich
um besten (ich kan nicht sagen vergnigen) des
.esers selbige übersetzen. Dieses ist das Werck/
(saget er) welches ich einsmahls bey einen eini-  „
gen und sehr lieben Freunde gesehen habe:  „
velcher mir grosse Oefe wiese/ mit krumgebo  „
jenen Gläsern übersetzet.  Die Gefässe stun-  „
en einzeln/ und hatten in ihren Plätzen kleine  „
Kästlein oder Behalter/ und inwendig darinnen  „
var ein heiliges Geschenck/ dem Ternario  „
oder der drey zahl  gewidmet.  Aber warum  „
olte ich ein so Göttliches herrliches Ding ver-  „
ieelen? Es war in diesen Gebeude eine Ge-  „
visse massa, welche sich rund üm drehete/ und  „
ie Gestalt der grossen Welt selbst præsenti-  „
rete.  Denn man sahe daselbst die Erde recht  „
n der Mitten stehen/ mit einen überaus klah-  „
en Wasser umgeben/ mit vielen Hügeln und  „
unebenen Felsen erhoben / welche vielerley  „
Früchte trug/ als wäre sie durch den Regen der  „

F 2                    feuch-

" feuchten Lufft begoſſen. Sie ſchien auch ſehr
" fruchtbahr zu ſeyn an Wein/öhl und Milch/
" nebſt allerley köſtlichen Steinen und Me-
" tallen.   So waren auch die Waſſer ſelber/
" auff die Weiſe des Meeres/ voll von einen
" durchſcheinenden hellen Saltz/welches bald
" ſweiß/ bald roth / bald gelb und dunckelroth
" und ſonſt bunt von unterſchiedlichen Farben
" ſvar / welche ſich oben auff das Waſſer auff-
" ſvurffen.   Alle dieſe Dinge wurden von ih-
" rem eigenen/ aber unvermerckten und æthe-
" riſchen Feuer getrieben und beweget.  Aber
" ein Ding erweckte vor allen andern eine un-
" gläubliche Verwunderung in mir : nemlich
" daß ſo Viele/ ſo unterſchiedliche/ und in ihrer
" Art ſo vollenkommene Dinge/ von einem eini-
" gen Dinge ſolten herkommen/ und daß durch
" eine geringe Hülffe/ welche/ wenn ſie nach
" und nach ſtärcker geworden / alle dieſe ſo un-
" terſchiedliche Dinge [wie er mich verſicherte]
" wieder in ein einiges Weſen brächte. Allhier
" nahm ich in acht / daß die güſſige Art Saltzes
" von dem Bimsſtein gar nicht unterſchieden
" ſvar / und dasjenige Queckſilber/ welches die
" alten Autores dieſer Kunſt Mercurium
" genennet/ ein Ding war mit des Lullii Lu-
" naria, deren Waſſer wieder das Feuer der

Natur

Natur auffsteiget/ und des Nachts leuchtet/ „
des Tages aber eine zähe schleimigte Krafft hat. „
Diese ist die Meynung unseres gelehrten A-
depti, und was seine Vergleichung des Philosophischen Saltzes mit einem Bimsstein be-
trifft/ kan selbige ohne das Licht der Erfahrung
schwerlich verstanden werden. So ist es denn
ein löcherich es/ leich es/ schwammiges und dem
Schaum nicht ungleiches Saltz. Sein Ansehen ist wie eines Bimssteins/ doch weder hart
noch dunckel. Es ist ein dünnes/ schlipfferich-
tes/ öhlichtes Wesen/ wie Mundleim/ aber viel
heller. Zuweilen siehet es/ wie Rosen-Krän-
tze und Rubinen/ zuweilen ist es Veilgen-Blau/
einandermahl weiß wie Lilien/ und bald einmahl grüner als Graß/ aber durchsichtig wie
Schmaragden/ denn wie poliertes Gold und
Silber. Der Perlen-Fluß hat daher seinen
Nahmen/ denn darinnen steht es wie Froschleich
in gemeinen Wasser. Zuweilen wird es auch
sich regen/ und oben auff seinem Bade schwim-
men/ in Gestalt dünner Blätter/ wie waaffeln/
aber mit tausenderley wunderbahren Farben.
Dieses ist genug/ und zu viel/ denn ich halte/ es
sey nicht ebe meine Schuldigkeit/ daß ich mich so
lange aaffhalte über solchen Geheimnüssen/ welche der Leser so gar nicht suchet/ daß ich fast sagen

F 3                                          wolte/

wolte/ er dencke nicht einst / daß dergleichen in
der Welt seyn.

## Der Æther oder die Lufft des
### Paradises.

Bißher habe ich geredet von der ersten Ma-
terie/ und dem Feuer der Natur: deren
nahmen zwar insgemein bekant sind / die Sachen selbst aber von wenigē verstanden werden.
Nun will ich von geheimern/ und mehr parti-
cularen principiis reden/ welche Sachen so
verborgen und subtil sind / daß man nicht wol
vermuthet / daß solche Dinge wären / viel weniger darnach gesuchet hat. Der gemeine
Chymicus träumet von Gold und Verwandelung der Metallen/ welches treffliche und
himmlische Verrichtungen sind/ die Mittel aber
durch welche er sie erlangen will/ sind wurmsti-
chige/ staubichte verlegene Papiere. Seine
Studierstube und sein Köpff sind wol versehen
mit alten Recepten: er kan ein Hundert fabeln
daher plaudern von Schwefel und Queckfilber/
mit mancherley Legenden von Antimonio,
Arsenico, sale gemmæ, sale Prunæ, sale
Petræ, und vielen andern vortrefflichen Alca-
lien/ wie er sie nennet. Mit solchen fremden
Nahmen und Worten/ bringet er eine erstau-
mung und Stillschweigen bey seinen Zuhö-
rern zu wege / wie die Fledermäuse sterben/
wenn

n zu nahe vor den Ohren donnert.
sein Getöse ausrichten kan/ so laſt
nn es iſt ihm ſo gut als Geſchütz.
ber zu Felde bringet/ und ihn zum
get/ wo ihr nach ſeinē Gründen fra
e recepten verwerffet / habet ihr
Boden gelegt.  Ein vernünfftiges
Diſputiren  macht ihn bald zu
er ſtudiret nicht die gantze Phi-
ſindet etwa ein  recept in einer
 oder in einem verlegenen Buche/
Erkentniß Gottes und der Natur
wäre/ dazu man von ungefähr /
it groſſen Verſtande gelangen mü-
unnütze Gedancken häget nicht al-
lehrte Stümper/ welcher es in
us Noth und Mangel an Wiſſen-
ſondern auch groſſe Doctores und
och lege die hochtrabende Titel bey-
hre Wiſſenſchafft zuweilē nicht weit
aher kommt es/ daß ſo viele Leute in
g dieſer Kunſt verderbē: Sie ſind ſo
alte Schrifftē/ daß ſie nicht erſt ſelbi-
ſondern gleich die Proceſſe zu Feu-
Gewißlich ſie gläuben ſolche unge-
erliche unmügliche Dinge/ daß ſelbſt
 Vieh/ wenn es nur reden könte /
werffen würde.  Unterweilen bil

de-

den fie fich ein/ ihre excrementa fein die Ma-
terie/ daraus Himmel und Erde gemacht fey:
Daher arbeiten fie in Urin, und andern Un-
flath/ welcher nicht wohl zu nennen ftehet. A-
ber wenn es alles gethan ift/ und ihnen der ef-
fect fehlt/ laffen fie wohl von ihrer Unfläthe-
rey/ aber nicht von ihrer irrigen Meinung. Sie
dencken auff ein Ding/ das fich beffer tracti-
ren läffet/ und träumen vielleicht/ GOtt habe
die Welt aus Eyerfchalen oder Feuerfteinen
gemacht. Warlich diefe Meinungen kommen nicht allein von dem gemeinen Volck her,
fondern auch von Doctoribus, und denen
welche in ihrem Sinn groffe Philofophi find.
So ift es nun mein Vorhaben etliche Vortreff-
lichkeiten diefer Kunft zu zeigen/ daß der Liebhaber derfelben fehen möge/ daß dasjenige/ was
herrlich ift / auch fchwer fey. Diefes möchte / halte ich/ die blinde/ faule Leichtgläubig-
keit vertreiben / welche alles fcharffinnig
Nachfuchen verhindert/ und die Menfchen beweget / ihre Vernunfft zu üben/ welche ihnen
GOtt/ die Gebeimniffe dadurch zu erkennen
gegeben hat. Ich werde mich nicht lange
bey einem Dinge infonderheit/ auffhalten. Ich
eile aus diefem Getümmel wieder in meine erfte
Einfamkeit zu gelangen. Mein Difcurs
wird kurtz / und wie die letzten Sylben eines

Echo unvollkommen seyn/ich will meine Sachen dem Leser nur Erinnerungs weise zeigen;
was ich schreibe ist kein vollkommenes Liecht/
sondern nur ein Glantz / welchen er selbst ver-
bessern soll zu seiner bessern Satisfaction.

Wir wollen nun von dem Æther der kleinen Welt reden / welcher einerley Natur und
Wesen ist / mit dem äusserlichen Æther der
grossen Welt. Daß ihr aber desto besser verstehen möget / was er vor ein Ding sey/wollen
wir zuvor den Nahmen betrachten/ ehe wir zu
der Sache selbst schreiten. Aristoteles, in seinem Buch von der Welt/ sagt / dieses Wort
komme her ἀπὸ τȣ̃ ἀ̕, ἰεȣ̃ von immer lauffen/
weil der Himmel in steter Bewegung sey. Dieses ist eine gar zu generale/irregulare Phan-
tasie/ weil so wol die Sterne / als der Æther
sich immerfort bewegen; das Meer ist einem
stetigen ab-und zu-lauff unterworffen/ wie das
Blut der Thiere einen unauffhörlichen uner-
müdeten Pulß. Die ältere Philosophi/deren
Bücher dieser Feind verbrant hat/derivirenes
von ἀιϑω ich brenne/uñ sonderlich Anaxagoras,
welcher ein bessers Erkentnuß des Himmels
als Aristoteles,wie es klärlich erscheinet auß
seinen wunderbahren Weissagungen/ und der
Meinung/welche er von selbigen Ort gehabt/
daß selbiger nemlich sein Vaterland wäre/und

er selbst nach dem Tode wieder dahin kommen
würde. Warlich diese letzte Etymologie
kommt der Natur des Dinges viel näher; denn
es ist ein wärmender/erquickender Geist/ aber
in seiner eigentlichen Complexion brennet
er nicht/ derowegen kan ich auch diese letzte de-
rivation so wenig als die vorige gut heissen: ich
glaube lieber/ daß Æther sey ein zusammen-
gesetzet Wort von ἀεί und θέρω und daß dieses
Wesen Α᾽,θὴρ genennet sey/ von seinem Amt
und Würckung/ ἀπὸ τῦ ἀεὶ θέρειν, von immer
wärmen. Weil wir nun dafür halten/diese sey
die rechte Verdolmetschung des Worts/ wollen wir sehen/ ob es sich eigentlicher und genau-
er zu diesem Principio, als zu sonst einem andern natürlichen Dinge schicke. Der Æther
ist ein überaus dünnes/ flüssiges Wesen / und
seine eigentliche Wohnung ist über den Sternẽ/
in dem Umkreiß des Göttlichen Liechts. Dieses ist das wahre und berühmte Εμτυραῖον ( oder
der feurige Himmel ) welches die einfliessende
Hitze von GOtt empfängt / und selbige in den
sichtbahren Himmel und alle untere Creaturen führet. Er ist ein reines Wesen/ ein Ding/
welches von keiner materialischen Vermischung beflecket/ in welchem Verstande Pythagoras denselben nennet ἐλεύθερος αἰθὴρ.
( der freye Æther ) weil er ( sagt Reuchli-
nus)

nus) abgeſondert von der macht der mate-
rie/und in der Freyheit erhalten iſt/und
alſo durch das Feuer von GOtt erwärmet wird / daß er alle die untere Naturen durch eine Bewegung / welche nicht
kan gemercket werden / erwärmet. Mit
einem Worte zu ſagen/er iſt wegen ſeiner Reinigkeit zu aller näheſt dem Göttlichen Feuer
geſetzet / welches die Juden Lumen Veſti-
menti (das Licht des Kleides) nennen/und die
allererſte Herberge der Einflüſſe von der übernatürlichen Welt/ welches unſere Etymologie genugſam bekräfftiget. Im anfang iſt
er gezeuget durch die Reflexion den Wieder-
ſchein)der erſten Einheit von dem Himmliſchen
Cubo: denn die hellen Außflüſſe GOttes floſ-
ſen gleich wie ein Strohm/ in paſivam πηγήν,
( in den empfangenden Brunnen )und in dieſer Vergleichung nennet ihn der Samier παγὰν
ἀεννάκ φύσεως, den Brunnen der ewigen Natur. Ihr müſt mercken/daß der Æther nicht
nur einer ſey / ſondern mannigfaltig und die
Urſachen ſollet ihr auch hiernächſt vernehmen.
Ich verſtehe aber hierdurch nicht unterſchiedliche Weſen/ ſondern eine Kette von Complexionen. Es ſind andere feuchtigkeiten/wel-
che auch ætheriſch ſind. Dieſes ſind des
männ-

männlichen Göttlichen Feuers gemahlinnen/
und die Brunnen des Chaldæers/ welche das
Oraculum nennet πηγαίας ἀκροήντας die unsichtbahre obere Brunnen der Natur. Unter
allen Wesen / welche im unsere Hände komen/
ist dieser Æther das erste / welches uns neue
Zeitungen aus der andern Welt bringet / und
uns zu erkennen giebet/ daß wir an einem ver-
dorbenen Ort leben. Sendivogius nennet
ihn den Urin des Saturni, damit er seine Lu-
narische und Solarische Pflantzen wässert. Es
entspringen aus meinem Meer (sagt jener
Jude) Nebel/ welche gesegnete Wasser in
sich führen/ und die Erde selbst befeuchten/
und Kräuter und Blumen herfür bringen. Mit einem Wort/ diese Feuchtigkeit ist
mit einem gesegneten vegetabilischen Feuer
beseelet / welches einen gewissen Autorem
bewogen / dieses Geheimnuß folgender maas-
sen zu beschreiben. Es ist aus der Natur
und dem Göttlichen gemacht: denn es ist
Göttlich / weil es/ mit der Gottheit vereiniget / göttliche Wesen zu wege bringet
Und damit wir hievon schliessen mögen / so ist
der Æther in dem unteren Brunnen/ nemlich
in dem Wesen/ welches die Araber eine Blum-
me des weissen Saltzes nennen zu finden

Er ist in Wahrheit von Saltz gebohren/ denn
Saltz ist seine Wurtzel/un er wird über dem an
gewissen saltzigen Orten gefunden. Das be-
ste/ was ich dir davon offenbahren kan/ ist
dieses: die Philosophi nennen ihn ihren Mineralischen Baum/ denn er wächst wie alle
Vegetabilia, und hat schon in der Stunde
der Geburt selbst/ Blätter und Früchte. Dieses ist genug und nun gehe ich zu einem andern
principio.

## Die Himmlische Luna.

Diese Luna ist der Mond der Fund-
gruben/ ein sehr seltzsahmes/ wunderbahres
Wesen. Es ist nicht einfach (simplex) sondern vermischt aus andern (Decomposi-
tum.) Es wird zusammen gesetzt/ aus dem
Æther, und einer subtilen weissen Erde/ welche es gröber/ als den Æther selbst/ macht.
Es erscheinet in der Gestalt eines überaus weissen Oehls/ ist aber in Wahrheit ein ge-
wisses/ von sich selbst wachsendes/ fliessendes/
glattes/ weiches Saltz. ꝛc.

## Die Stern-Seele.

Diese ist das wahre Astrum solis, die
mineralische geistliche Sonne. Sie ist zusammen gesetzet aus dem Æther, und einer
Blut-

blutrothen / feurigen / geiſtreichen Erde. Sie
erſcheinet in Geſtalt eines gummi, iſt aber einer hefftigen / heiſſen / und glüenden Complexion. Sie iſt weſentlich ein gewiſſes Pur-
purfarbes / lebendiges / vortreffliches Saltz. ꝛc.

## Der Preſter des Zoroaſtris.

Es iſt ein Wunder/ welches betrachtens
würdig/ wie die Erde/ welche ein Cörper iſt eines unausſprechliche Gewichts/ und Schwere/
in der Lufft könne gehalten werden/ welche doch
ein flieſſendes/ nachgebendes Weſen iſt / durch
welches auch Schaum und Federn weg ſincken.
Ich hoffe nicht / daß ein Menſch ſo thöricht ſey/
der ſich einbilden könte / ſie werde durch eine
geometriſche invention im Gewicht gehalten: denn dieſes iſt ein Werck der Kunſt/ Gottes werck aber iſt lebendig und natürlich. Gewißlich wo man leugnen will / daß die Welt
kein lebendes Weſen ſey/ müſte dieſes Element
durch ſeine Schwere nothwendig ſincken. Wir
ſehen / daß unſere leiber durch daſſelbe weſen
in der Höhe gehalten werden / durch welches
ſie beweget und lebendig gemacht werden/ weñ
aber daſſelbe weſen ſie verläſt/ fallen ſie zu boden/
biß der Geiſt in der Aufferſtehung wieder kommen wird.    So ſchließ ich denn / daß die Erde in ſich habe eine Feuer-Seele/ einen ſtarcken
mäch-

ieſt / welcher ſie in die Höhe hält /
des Menſchen denſelben auffhält.
net Raymundus Lulhus über-
ſechs und ſiebenzigſtem Capitel
ie.    Die gantze Erde iſt voll
oder Geiſtes/ welche zu denen
i der Natur geneiget und be-
ſche Inrelligentz von der obern
geget wird / ſo daß die untere
der obern gleich iſt. Dieſe Iner dieſer Geiſt iſt der πgηsηg eine
' welche der vortreffliche Zoroa-
i hat / wie ſelbige Julianus der
:klähret und verdolmetſchet hat.
me komt her von πεηϑω ich bren-
tet einen Blitz oder einen bren-
'elwind; aber /in dem Verſtande
dæ ers bedeutet dieſer Wort den
des Lebens.    Er iſt ein Einfluß
nächtigen GOtt / und kommet
ie der Lebendigen / nemlich der
n/welche die Cabaliſten nennen
rlichen Auffgang oder Oſt.Denn
atürliche Sonnen-Liecht zum er-
Oſten erſcheinet / alſo offenbahrete
rnatürliche Liecht zum erſten in
rſon der Gottheit : denn Er iſt
                                Prin-

Principium Alterationis, der Anfang der
Wege Gottes/oder die erste Offenbahrung des
Liechts von dem Vater / in der Ubernatür-
lichen Zeugung.  Von diesem Lande der Lebendigen kommet alles Leben oder aller Geist/
nach dem spruch der Mekkubalim,

Omnis anima bona, est anima nova
veniens ab Oriente.

" Eine jede gut Seele/ ist eine neue Seele
" welche von Auffgang kommet/das ist vor
" חכמה Chochmah oder den Andern Se-
" phiroth , welches ist der Sohn Gottes.

Damit wir aber den Ursprung der Seele
desto besser verstehen mögen / müssen wir uns
auff einen andern Spruch des Cabalisten be-
ziehen/ welcher also lautet.

Animæ à Tertio Lumine ad Qvartam
Diem , inde ad Qvintam descen-
dunt : inde exeuntes Corporis No-
ctem lubintrant.

" Die Seelen ( saget Er ) kommen hernie-
" der von dem dritten Liecht biß zu dem vierten
" Tage/ von dannen zu dem fünfften : allwo sie
" ausgehen und in die Nacht des Cörpers wie-
" der eingehen.  Daß ihr diese Regel desto besser verstehet / müsset ihr wissen / es seyn drei

höchste Liechter / oder sephiroth, welche der
Cabalist nennet sedes una, in qva sedet
sanctus sanctus sanctus Dominus Deus
sabaoth. Das ist Ein einiger Sitz/darin-
nen sitzet der Heilige Heilige Heilige HErr
GOtt Sabaoth. Dieses dritte Liecht/daher
die Seelen ihren Ursprung haben/ist בינה Bi-
nah , das letzte von den dreyen sephiroth
( Liechtern ) und bedeutet den Heiligen Geist.
Damit ihr aber wisse möget/in welchem Verstande dieser Ursprung der Seelen von diesem gebenedeyeten Geiste herkomme / will ich
meinen Discurs etwas weitläufftiger machen.
Denn die Cabalisten sind in diesem Punct sehr
dunckel. spirare (sagen die Juden ) spiritus
Sancti proprium est, Das ist: das Aushauchen ist ein eigentliches Werck des Heiligen Geistes. Nun lesen wir/GOtt habe A-
dam eingehauchet einen lebendigen Odem /
und er sey eine lebendige Seele geworden.
Hier müsset ihr verstehen / daß die dritte Per-
son die letzte von den dreyen sey / nicht daß eine
Ungleichheit sey unter ihnen/sondern die Ordnung der Würckung verhält sich also: denn Er
ist den Creaturen der nächste / und würcket
deß wegen zu allerletzt. Dieses ist also zu verstehen: Der Heilige Geist konte Adam keine

G                    Seele

Seele einblasen/ wo Er sie nicht entweder vor
einem andern empfangen/ oder von sich selbſ
gehabt.   Nun ist die Wahrheit/ daß Er ſel
bige empfänget/ und was Er empfänget/blä
set Er der Natur ein.   Daher wird dieser Hei
lige Geist von den Cabalisten genennet eii
Fluß/welcher aus dem Paradis ausgehet
weil Er auff die weise,Aushauchet/ wie ei
Strohm flieſſet.   Er wird auch Mater Fi
liorum ( eine Mutter der Kinder ) genennet
weil er durch sein Aushauchen gleichſam
Seelen gebühret / welche die andere Perſoi
Idealiter (in einē Entwurff oder Abbildung
empfangen hat.   Daß aber der Heilige Geiſ
alle Dinge von der andern Perſon empfange
bekräfftiget Chriſtus selbſt.   [a] Wenn dei
Geiſt der Wahrheit kommen wird/ dei
wird euch in alle Wahrheit leiten. Deni
er wird nicht von ihm selber reden / ſon
dern was er hören wird/das wird Er ve
den/und was zukünfftig iſt/wird er euc
verkündigen.   Derselbe wird mich ver
klähren /denn von dem meinem wird ev
nehmen / und euch verkündigen.   Alle
was der Vater hat/ iſt mein/ darin
habe ich gesaget/er wird es von dem mei
                                                nei

nem nehmen.   Hier sehen wir klärlich/daß
die Wirckungen der gebenedeyeten Dreyei-
nigkeit in einer gewissen Ordnung einander
folgen. Denn Christus saget uns/ Er nehme
es vom Vater/ und der Heilige Geist hinwie-
der von Jhm.   Daß auch alle Dinge idealiter empfangen / oder [wie wir es insgemein nennen ] erschaffen werden /durch die andere Person/ wird mit dem Worte Gottes erwiesen. (a) Durch Jhm war die Welt ge-
macht/ und die Welt kante Jhn nicht. Er
kam in sein Eigenthum/und die seinigen
nahmen Jhn nicht auff.   Dieses mag genug seyn vor die Liebhaber der Wahrheit: was
aber der Cabalist vom vierten und fünfften
Tage saget/dienet nicht zu meinem Vorhaben/
und deßwegen lasse ich es fahren.   So ist es
denn klar/ daß das Land der Lebendigen / o-
der die ewige Feuer-Erde ihre feurige Geistliche Bluhmen hervorbringet/welche wir Seelē
heissen / wie diese natürliche Erde / ihre natürliche Gewächse hat. In diesem geheimen Verstande wird der Prester in den Oraculis beschrieben / daß er sey λωπες ανθος, die
Blume des dünnen und subtilen Feuers.Doch
daß wir endlich zu unsern Zweck kommen/halt
ich es nicht umsonst zu seyn/ daß ich euch durch
diese

diese Anleitung unterweisen. Ihr wisset/daß
kein Baumeister bauen kan/er habe denn die
Erde zum Grund seines Gebäues; denn ohne
dieses Fundament, können seine Steine und
Kalck nicht stehen; in der Schöpffung aber/als
GOtt bauete/war kein solcher Ort darauff zu
bauen. So frage ich denn wo gründete GOtt
seine materie/und worauff? warlich er baue-
te und gründete die Natur auff seinen eigenen
übernatürlichen Centro. Er ist durch und
durch in der gantzen Natur/und trägt mit seinem ewigen Geist Himmel und Erde/wie
unser Geist unsere Leiber träget. Dieses wird
mit dem Spruch des Apostels erwiesen/Er
trägt alles mit dem Wort seiner Macht
Von dieser Macht wird Er mit recht genennet
ἄπει ροδύναμος, καὶ παντοδύναμος, δ᾽ ιχμοποιὸς
δύναμις: die unendlich-mächtige/und die all-
mächtige/macht-machende Macht. Darum
sage ich/daß Feuer und Geist die Pfeiler der
Natur sind/darauff das gantze Gebäude ru-
het/und ohne welche es nicht eine minute stehen könte. Dieses Feuer oder dieser Prester
die ist der Thron des qvintessentialischen
Liechtes/von welchem es sich ausbreitet/Cre-
aturen zu zeugen und hervor zu bringen/wie
wir in Ausgiessung der Sonnen-Strahlen in
der

der grossen Welt sehen. In dieser Ausbreitung des Liechts bestehet die Freude / oder die
Vergnügung des leidenden Geistes / und hingegen / wenn es sich zusammen ziehet verursachet es Melancolie und Trauren. Wir sehen in dem grossen Cörper der Natur / daß in
trüben Wetter / wenn die Sonne mit Gewölck
bedecket ist / die Lufft dick und schwer ist / und
unsere Geister / durch ein verborgenes Mitlei-
den mit dem Geist der Lufft / auch traurig
seyn. Hergegen ist in klaren starcken Son-
nenscheinen die Lufft dünne und leicht / und alle
Lebens-Geister der Thiere seynd eben desselben
activen subtilen Temperaments. So ist
es denn klar / daß unsere Freude und Traurigkeit / von der Ausbreitung und Zusammenziehung unsers irwendigen Qvintessentialischen
Liechts herkommen. Dieses ist zu sehen an
verzweifflenden Liebhabern / welche einem ex-
tra ordinairen hefftigen Hertzklopffen / und einem furchtsahmen zitternden Pulß unterworffen sind / welches von Empfindlichkeit und
furcht des Geistes in Ansehung ihres Unglücks
herkommet. Dessen ungeachtet verlanget er sich
aus zu breiten / wie es aus seinem Pulß oder gleichsahm aus seinem Ausfall zu mercken ist / aber
seine Verzweiffelung schlägt ihn wieder nieder /

G 3                    und

und zwinget ihn zu einer schleunigen retirade
oder Zusammenziehung. Daher kommet es /
daß wir den Seufftzern unterworffen / welche
durch einen plötzlichen Stillstand des Geistes
verursachet werden : denn wenn derselbe stille
stehet / bleibet auch der Odem stecken / wenn
er sich aber reget / und sich auswerts beweget /
lassen wir in einem langen Aushauchen so viel
aus / als sonst in zweyen oder dreyen mahlen /
welche zuvor nachgeblieben / und das nennen
wir einen Seufftzer. Dieser affect hat viele
wackere Leute zu traurigen extremitäten
gebracht. Er wird ursprünglich verursachet von dem Geist der Liebsten: denn ihr Geist
fermentiret gleichsam / oder stecket den Geist
des Liebhabers aus / daß er eine Vereinigung
verlanget / so weit es die Natur zulassen will.
Dieses machet / daß wir so gar derselbigen
Lächlen oder Sauer-sehen / wie ein Glück oder
Unglück empfinden. Unsere Gedancken sind
immer daheime / nach der wolgegründeten
Observation, Anima est ubi amat, non
ubi animat. (Die Seele wohnet nicht da-„
selbst / da sie Lebet / sondern da sie Liebet.) „
Wir sind bemühet in stetiger Betrachtung der
abwesenden Schönheit ; unsere Freude und
Leid selbst ist in derselben Gewalt: sie kan uns zu
                                    einem

einem Humeur bringen / wie es ihr selbst ge-
fället / als Campian durch die Musick seiner
Liebsten verändert ward.

Weil in die Laute Corinna singt/ Jhr Spiel
zugleich von Freuden klingt/ wenn aber sie von
Sorgen spricht/ JhrSeufftzen selbst die Seiten
bricht / drum.

> Wie ihr Spiel klinget oder bricht/
> So Leb ich oder Lebe nicht.

Diese und andere wunderbahrlichere Sym-
pathien kommen von der anziehenden Natur
des Presters; dieser ist ein Geist/ welcher Wunder thun kan / und nun lasset uns sehen/ ob es
müglich sey/ ihm beyzukommen. So bildet euch
denn ein / wenn wir an einem Gebäude einen
Stein nach dem andern wolten abbrechen/
würden wir zu letzt auff die Erde kommen/ darauff solches gegründet ist : eben so ists in der
Magie : wenn wir einen natürlichen Cörper
auffschliessen/ und alle desselben Theile von einander absondern/ werden wir letzlich auff den
Prester kommen / welcher die Kertze und das
geheime Licht Gottes ist. Wir werden die
verborgene Intelligentz [ oder Seele ] erken-
nen/ und die unaussprechliche schöne Gestalt
sehen/ welche dem Leibe seine äusserliche Bildung giebet. Dieses ist ein Syllogismus, welchen wir zu lernen trachten sollen : denn wer

einmahl den Aqvaster paſſiret iſt / kommet
in die Feuer-Welt/ und ſiehet dasjenige/ was
dem gemeinen Mann beydes unſichtbahr und
unglaublich iſt. Er wird offenbahrlich können vor Augen ſtellen die Verwandſchafft des
Preſters und der Sonnen. Er wird erkennen die geheime Liebe des Himmels und der
Erden/ auch den Verſtand der nachdencklichen
Cabaliſtiſchen Lehre : Es iſt kein Kräut-
lein hierunten auff Erden / welches keinen
Stern an dem Himmel dort oben hätte:
und der Stern trifft es mit ſeinen Strah-
len/ und ſagt gleichſam zu ihm/ Wachſe.
Er wird erkennen / wie der Feuer-Geiſt
ſeine Wurtzel in der geiſtlichen Feuer-Erde
habe/ und von dannen einen verborgenen Ein-
Fluß empfange / davon er ſich nähret wie die
Kräuter/von dem Safft oder Feuchtigkeit/wel-
che ſie/vermittelſt ihrer Wurtzeln / aus dieſer
gemeinen Erde empfangen. Dieſes iſts/was
unſer Heyland ſagt : Der Menſch lebe nicht
allein von Brodt / ſondern von einem jeden
Wort/das durch den Mund Gottes gehet: Er
verſtehet aber hierdurch nicht die Dinte und
Papier / oder den todten Buchſtaben; ſondern
es iſt ein Geheimnuß/ und St. Paulus hat ſolches

Matth. 4.

ches zum theil gemeldet. Er sagt den Athe-
niensern / daß GOtt den Menschen zu dem
Ende gemacht habe/ daß er den Herrn suchen
solle/ob er ihn vielleicht fühlen und finden möchte. Ihr werdet sagen: es lautet fremde / daß
ein Mensch solte GOtt fühlen / oder ihn mit
seinen Händen suchen: aber er fähret fort/ und
zeiget euch/ wo ihr ihn finden sollet. Er ist „
nicht ferne ( sagt er ) von einem jeden unter „
uns: denn in ihm leben/ weben und sind wir. „
Diesen Spruch desto besser zu verstehen / leset
des Paracelsi Philosophia an die Atheni-
enser / einen herrlichen unvergleichlichen Discurs, welchen ihr im kurtzen ins Englische ü-
bersetzet sehen sollet. Hinwiederum: Wer in
das Centrum kommt / der wird erkennen /
warum aller Einfluß von dem Feuer sich nieder
werts sencke / wider die Natur des Feuers/
und vom Himmel herunter komme. Auch
wird er erkennen/ warum eben dasselbe Feuer /
wenn es einen Cörper gefunden/ wieder auff-
werts gen Himmel steige. Schließlich sage
ich / daß das grosse und höchste Geheimnuß der
Magie sey / den Prester zu vermehren/ und
ihn in den feuchten klaren Æther zu setzen /
welche Gott mit dem Vorsatz erschaffen hat/da-
durch das Feueuer zu temperiren. Denn

ich)

ich wil dich berichten / daß dieser Geist / auch in
den temperirtesten Dingen/ so könne erhitzet
werden / daß Er sie alsbald zu nichte mache.
Dieses kanstu schliessen aus dem donnernden
Golde/ wie es die Chymici nennen. So
setze ihn denn / wie GOtt die Sterne gesetzet
hat / in den condensirten Æther seines
Chaos; denn in selbigem wird er leuchten und
nicht brennen / er wird still und lebendig-
machend/ nicht Cholerisch und wütend seyn.
Dieses Geheimnüß ( ich bekenne es ) gehet höher als alle gewöhnliche Processe/ und darff
ich mehrers nicht davon reden. So muß es
denn bleiben / wie ein Licht an einem finstern
Ort ; wie es aber zu erlernen sey/ magstu
betrachten.

## Das grüne Saltz.

Dieses ist eine Tinctur des Sapphirischen
Ertzes/ und daß ich es recht nach seinem Wesen
beschreibe / es ist die Lufft unserer kleinen unsichtbahren Feuer-Welt. Es bringet zwey
vortreffliche Dinge zuwege / Jugend / und
Hoffnung; wo es erscheinet / ist es ein unfel-
bahres Zeichen des Lebens/wie ihr im Frühling
sehet / wenn alle Dinge grün sind. Es ist an-
nehmlich / und erfrischet das Gesichte mehr als
man gläuben kan. Es kömmt aus der Hün-
lischen

lischen Erde herfür ; denn der Sapphir säet
und wirfft seine Tincturen in den Æther, in
welchem sie getragen werden/ und zu Gesichte
kommen.    Dieser Sapphir ist von sich selbst
dem gantzen Composito gleich : denn er ist
dreyfach/ oder hat in sich drey unterschiedliche
Wesen.    Ich habe sie alle gesehen/ nicht etwa
in der Einbildung/ sondern wahrhafftig / mit
meinen Cörperlichen Augen.    Und allhier ist
das Apollodori mathematisches problema: nemlich dasjenige/um welches Pythagoras hundert Ochsen opfferte/als er es erfunden:
ἔτι τριγώνα ὀρθογωνία ὀρθὴν γωνίαν ὑποτείνασα
ἴσον δύνασόν χαῖς περιεκύσαις.    Daß die Linea
subtendens, (die unterste Linie) eines Tri- „
angels mit einem rechten Winckel / ( Trian-
guli rectanguli ) gleich sey/den jenigen Thei-
len/ welche sie in sich halten/ ꝛc.

## Das Diapasma oder Magische Räuchwerck.

Es ist zusammen gesetzet aus der Sappiri-
schen Erde und dem Æther.  Wenn es zu
seiner völligen Erhöhung gebracht ist / wird es
leuchten wie der Morgen-Stern / in seinem
neuen Glantz des morgens.   Es hat eine be-
zaubernde anziehende Krafft: denn wenn ihr es
an

an die offenbahre Lufft leget/ wird es Thiere
und Vögel nach sich ziehen/ꝛc.

## Die Wiedergeburt/das Auffsteigen
### und die Verklährung.

Ich habe nun völlig und genugsahm die
principia unsers Chaos gezeiget: nun will
ich euch hiernächst zeigen/ wie ihr sie gebrauchen sollet. Ihr müst sie vereinigen zu einem
neuen Leben/ so werden sie durch Wasser und
Geist wiedergebohren worden. Diese zweene
sind in alle Dinge von GOtt selbst geleget/nach
dem Spruch des Trismegisti: Ein jedes
Ding hat in sich den Saamen seiner Wie-
dergeburt. So gehet denn gedultiglich/aber
nicht mit den Händen zu werck. Das Werck
wird durch einen unsichtbahren Künstler verfertiget: denn der Geist Gottes brütet gleichsahm in geheim über der Natur: nur must ihr
zusehen/ daß es nicht an der äusserlichen Hitze
fehle; aber mit der materie habt ihr eben so wenig zu schaffen/ als eine Mutter mit dem Kin-
de in ihrem Leibe. Die zwey vorige principia verrichten alles/ der Geist gebrauchet sich
des Wassers/den Cörper zu reinigen und zu
waschen/und wird ihn letztlich zu einer himm-
lischen unsterblichen Natur bringen; haltet dieses nicht vor unmüglich. Gedencket/ daß in
der

der Menschwerdung Jesu Christi/ die ge-
vierte Zahl / oder die vier Elementen/ wie
man sie insgemein nennet/ mit ihrer ewigen
Einheit/uñ Dreyzahl vereiniget worden. Drey
und vier macht sieben. Diese gesiebende Zahl ist
der wahre Sabbath, die Ruhe Gottes/ zu
welcher die Creatur eingehen soll. Diese ist
die beste/und gröste Anleitung / welche ich euch
geben kan. Mit einem Wort zu sagen/ die
Seligmachung selbst ist nichts als eine Verwandelung. Sehet / (sagt der Apostel)
ich wil euch ein Geheimnüß zeigen : wir
werden nicht alle sterben / wir werden
aber alle verwandelt werden/und dasselbe
plötzlich in einem Augenblick/zur Zeit der
letzten Posaunen. GOtt bereite uns dazu
durch seine Gnade/daß wir aus harten groben
Felsen dieser Welt / mögen wie Jaspis und
Chrysolithen / in dem neuen ewigen Gebäude
erfunden werden. Daß wir mit gegenwärtiger
bedrängten Kirche/welche mit ihren Kindern
in der Gefängnüß / mögen eingehen zu dem
freyen Jerusalem, das droben ist/welche unser aller Mutter ist.

## Das Absteigen und die Melempsy-
chosis. [Versetzung der Seelen aus
einem Cörper in den andern.]

Es in der Welt ein unartiges Geschlecht

von

von Leuten / welche einen Eyfer zu schreiben
haben: Sie schreiben nur darum / daß sie an
gesehen werden / als verstünden sie etwas/ und
machen / daß ihr Leser sich verwundern muß/
über das / welches doch nichts/als ihre Phantasie ist.    Diese nennen sich selbst gemeiniglich
chymicos , und lehren fälschlich von dem
Geheimnüß der Natur / unter dem ungereim-
ten Nahmen des Lapidis Chymici.    Ich
sinde keinen unter diesen allen / der nicht / irri-
ger weise / dieses Niedersteigen/ vor das Auff-
steigen/ oder die Fermentation gehalten.
Derowegen achte ichs nöthig/ den Leser zu berichten / daß eine zweyfache Fermentation
sey eine geistliche und eine leibliche.    Die
geistliche Fermentation geschiehet durch
Vermehrung der Tincturen / welche nicht
mit Gold und Silber verrichtet wird/ weil selbige keine Tincturen/sondern grobe verschlos-
sene Cörper sind.    Das Gold und Silber der
Philosophen sind Seele und Geist: sie sind
lebendige Fermenta, und Principia der Cörper; aber die zwey gemeine metallen/ ihr möget sie gleich entweder in ihrem groben Wesen /
oder nach einer Philosophischen Präparati-
on nehmen/sind auff keinerley weise zu unserm
Vorhaben geschicket. Die leibliche Fermen-
                                        tation

tation ist dasjenige / welches wir eigentlich
das Niedersteigen nennen / davon wir anjetzo
reden wollen. Wenn ihr den Stein oder die
magische Medicin gemacht habet/ ist sie ein
fliessendes / feuriges / geistliches Wesen / helle
wie die Sonne. Wo ihr selbige in dem Stande auff ein Metall werffen woltet / würdet ihr
schwerlich die rechte Proportion treffen können / weil die Medicin so überaus kräfftig ist.
Derowegen nahmen die Philosophi ein Theil
ihres Steines/ und vermischten es mit zehen
Theilen/ reines geschmoltzenes Goldes.Dieses
einige kleine Körnlein mahlte alles Gold zu
einem blutrothen Pulver / und hingegen
schwächte der grobe Cörper des Goldes seine
geistliche Krafft. Dieses Niedersteigen/ oder
diese Incorporirung haben einige weise Autores die leibliche Fermentation genennet;
aber die Philosophi gebrauchten kein gemeines Gold ihren Stein zu machen / wie etliche
Betrieger geschrieben/sondern sie gebrauchten
es nur seine grosse Krafft zu temperiren/weil
er schon fertig war / daß sie desto leichter wissen
möchten / auff wie viel schlechtes Metalles sie
ihn werffen solten. Durch dieses Mittel re-
ducirten sie die Medicin zu einem Staub und
dieser Staub ist das Elixir der Araber.Die-

ses

ſes Elixir konten die Philoſophi bey ſich fü-
ren; aber die Medicin ſelbſt nicht/denn ſelbſt
iſt ſo ein ſubtiles feuchtes Feuer/daß es in klei-
nem Dinge / als in Gläſern/ kan behalten werden. Was die Metempſychoſin anlanget
hat ſelbe viel Irrthümer wegé der Seele verur-
ſachet; aber Pythagoras verſtund ſie nur vo-
den geheimen magiſchen Würckungen. Sie
bedeutet ihre letzte Verwandelung / welche
durch das Elixir oder die temperirte Medicin geſchicht. Nimm derowegen von derſel-
ben ein Theil / wirff es auff tauſend Theil
Qveckſilber / ſo wird es alles reines Gold werden / und ohne einigen Abgang den Teſt
paſſiren.

Nun bin ich fertig / Leſer / und zum Adieu
wil ich dir ein vortreffliches/verborgenes/wahr-
hafftiges Geheimnüß offenbahren. Das
Chaos ſelbſt iſt in ſeiner erſten Aufflöſung
dreyfach der Sapphir des Chaos iſt im gleichen
dreyfach; hier haſtu ſechs Theile / welches der
Pythagoriſche ſenarius ( geſechſte Zahl) und
Numerus Conjugii ( die Zahl des ehelichen
Verbündnüſſes ) iſt. In dieſen ſechſen iſt
der Einfluß der übernatürlichen Einheit der
einige Monarch , und machet voll die geſieben-
de Zahl / oder Sabbaoth , in welchen zu letzt
der Cörper mit Gottes Hülffe ruhen wird. Hin-
wie-

wiederumb ist ein iedes/ von diesen sechs Stü-
cken/ zweyfach/ und diese zweyerley Wesen
sind einander zuwider. Hier hastu nun
zwölff/ sechs wider sechs/ in einer unversöhn-
lichen Zertheilung/ und die Einigkeit des
Friedens mitten unter ihnen. Diese zweyerley Wesen bestehen auch aus gantz widerwär-
tigen Naturen: Ein Theil ist gut/ das andere böse; das eine ist verdorben/ das andere
nicht; und/wie Zoroaster redet/ das eine ver-
nünfftig/ das andere unvernünfftig. Diese bö-
se/ verdorbene/ unvernünfftige Saamen sind
das Unkraut/ und Früchte des Fluches. Nun/
Leser/ habe ich dir erkläret das grosse/ geheime Problema des Cabalisten. Septem
partibus (sagt Er) insunt Duo Terna-
ria, & in Medio stat unum. Duodecim
stant in bello; Tres Amici; Tres ini-
mici; Tres Viri vivificant, Tres etiam
occidunt: & Deus Rex fidelis, ex suæ
sanctitatis Atrio dominatur omnibus.
Unus super Tres & Tres super septem
& septem super Duodecim, & sunt o-
„mnes stipati, Alius cum Alio. In Sieben
„Theilen ( sagt er ) sind zwey-dreyfache
„Wesen/ und in der Mitten stehet ein einiges
H „Wesen.

„Wesen. Zwölff stehen im Streit: Drey
„Freunde / drey Feinde: Drey Männer
„machen lebendig / drey tödten auch: und
„GOtt der getreue König herrschet über sie
„Alle aus dem Vorhoff seiner Heiligkeit.
„Euer über drey / und drey über Sieben /
„und Sieben über Zwölff / und sind alle um-
„geben / der eine mit dem andern.

Dieses und nichts anders ist die Wahrheit
der Wissenschafft / darauff ich mich eine lange
Zeit mit Ernst und grosser Bemühung geleget.
Es ist meine feste Resolution, nichts mehr
davon zu schreiben / und wo iemand das jenige
tadlen will / was ich bereits geschrieben / der
mags thun. Er kan mich so hoch nicht schimpf-
fen / daß ich nicht schon Satisfaction davon
hätte: Ich habe zur Belohnung ein Liecht,
welches mich nicht verlassen wird.

Nescit Sol Comitis non memor esse sui

Ich schliesse mit der Doxologie eines treffli-
chen berühmten Philocryphi.

### Soli Deo Laus & Potentia!

Amen in Mercurio, qvi pedibus licet
carens, decurrit

AQVA

## AQVA,

### & metallice universaliter operatur.

„(Amen in dem Mercurio, welcher ob ergleich
„keine Füsse hat / doch abrinnet/wie ein Was-
„ser / und in den Metallen universalischer
„weise würcket.)

## FINIS.

APHO-

# APHORISMI MAGICI
## EUGENIANI.

Veritas Prima est Hæc
Hæc etiam Ultima.

### 1.

ANte omnia Punctum exstitit : non τὸ ἄτομον, aut Mathematicum, sed Diffusivum. Monas erat Explicite : Implicite Myrias. Lux erat, erat & Nox : Principium, & Finis Principii : Omnia & Nihil : Est, & Non.

### 2.

Commovit se Monas in Dyade, & per Triadem egressæ sunt Facies Luminis secundi.

3. Exi-

### 3.

Exivit Ignis simplex, increa-
tus, & sub Aqvis induit se Tegu-
mento Ignis multiplicis creati.

### 4.

Respexit ad Fontem superio-
rem, & Inferiorem deducto Ty-
po, Triplici vultu sigillavit.

### 5.

Creavit unum unitas : & in
Tria distinxit Trinitas. Est & Qva-
ernarius, Nexus & Medium Re-
luctionis.

### 6.

Ex visibilibus primum efful-
sit AQVA : Femina incubantis
Ignis, & Figurabilium gravida
Mater.

### 7.

Porosa erat Interius, & Cor-
cibus varia, cujus venter habuit
coelos convolutos, & Astra indis-
creta. H 3          8. Se-

## 8.

Separator Artifex divifit hanc
in amplas Regiones : & apparen
te fetu difparuit Materia.

## 9.

Peperit tamen Mater Filio
Lucidos, Influentes in Terran
Chai.

## 10.

Hi generant Matrem in Nc
viſſimis: Cujus Fons cantat in Lt
co miraculofo.

## 11.

Sapientiæ Condus eſt Hic :
fto, qvi potes, Promus.

## 12.

Pater eſt Totius Creati : &
Filio Creato per vivam Filii An
lyſin Pater generatur. Habes fun
mum generantis Circuli Myſtei
um: Filii Filius eſt, qvi Filii P
ter fuit.

Mag

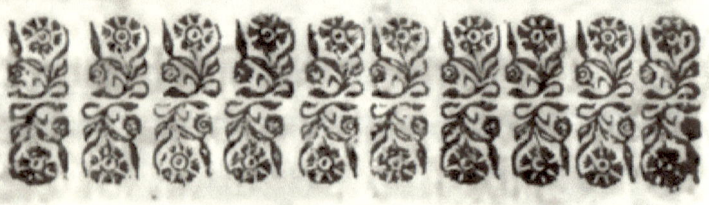

# Magiſche Lehr-Sätze
### Des
### Eugenii Philalethæ.

## Dieſe iſt die erſte Warheit;
## Dieſe iſt auch die Letzte.

### I.

VOr Erſchaffung aller Dinge
iſt ein Punct geweſen: nicht ein
unzertheiliges / oder mathemati-
ſches / ſondern ein ſich ſelbſt ausbrei-
tendes Punct. Es war äuſſerlich
ein einiges Weſen: inwendig in ſich
ſelbſt zehentauſend. Es war ein
Liecht / und es war auch Nacht:
der Anfang / und das Ende des
Anfangs: Alles und Nichts: Ja
und Nein.　　　H 4　　　2. Die

### 2.

Die Einheit hat sich beweget
in der Zwey-Zahl / und durch die
Drey-Zahl sind außgegangen die
Gestalten des andern Liechts.

### 3.

Es ist ausgegangen ein einfa-
ches unerschaffenes Feuer / und hat
sich unter den Wassern verhüllet unter der Decke eines vielfältigen erschaffenen Feuers.

### 4.

Es hat über sich gesehen nach
dem Ober-Brunnen; und hat der
Untern / nachdem das Muster herunter geleitet worden / mit einer
dreyfachen Gestalt versiegelt.

### 5.

Die Einheit hat ein einiges
Wesen erschaffen; und die Drey-
faltigkeit hat es in Drey getheilet
Es ist auch ein Vier-Zahl das
Band

Band und Mittel der Reduction.

### 6.

Unter den sichtbahren Dingen
ist das Wasser zuerst offenbahr geworden: Das Weib des brüten-
den Feuers / und eine schwanzere
Mutter aller dinge / welche können
gebildet werden.

### 7.

Es war inwendig schwammig:
und äusserlich an der Schaale bunt:
Dessen Bauch in sich gehabt hat
die Himmel / ehe sie ausgebreitet /
und die Sterne / ehe sie unterschieden
gewesen.

### 8.

Dieses Wasser hat der künst-
liche Meister zu scheiden / in weite
Gegenden abgetheilet / und nach
dem das Kind erschienen / ist die
Mutter verschwunden.

H v                    9. Doch

### 9.

Doch hat die Mutter helle leuchtende Söhne gebohren / welche ihre Einflüsse in die Erde des Chaos schicken.

### 10.

Diese Zeugen zu letzt ihre Mutter: deren Brunn in dem wunderbarlichen Liecht singet. (sich freuet)

### 11.

Dieser ist der Verschliesser der Weißheit: wer da kan/ mag sie hervor nehmen.

### 12.

Er ist der Vater des gantzen erschaffenen Wesens: und aus dem erschaffenen Sohn wird/ durch eine lebendige Aufflösung des Sohnes, der Vater gezeuget. Hier hastu das höchste Geheimnis des Cirkels der Zeugung: es ist des Sohnes Sohn, welcher des Sohnes Vater gewesen ist.

# LUMEN
## *DE*
## LUMINE.

ES war die finstre Nacht nun mit der Zeit
vergangen/
Der Sternen-Liecht kan nicht mit seinem
Schein mehr prangen.
Wie wohl sich sehen ließ / was längst aus
allen Pracht
In stiller Ruhe hätt verspahrt die schwar-
tz' Nacht.
Der Rosen-Farbe Schein fieng an/mit seinen
Strahlen/
Die vormahls schwartze Erd'/ anmuthig zu
bemahlen/
Das in verblümter Zierd/ wann Finster-
niß und Liecht/
Vermischt sich sehen ließ des Phœbi
Angesicht.

www.ingramcontent.com/pod-product-compliance
Lightning Source LLC
Chambersburg PA
CBHW020406030726
47496CB00007B/2329